Welington Alves dos Santos Woley

O Melhor de Deus

Welington Alves dos Santos Woley

O Melhor de Deus

Relacionando Corretamente com Deus

CREDO EDICIONES

Imprint

Cover image: www.ingimage.com

Publisher:
CREDO EDICIONES
ist ein Imprint der / is a trademark of
International Book Market Service Ltd., member of OmniScriptum Publishing Group
17 Meldrum Street, Beau Bassin 71504, Mauritius

Printed at: see last page
ISBN: 978-613-1-61513-9

Sumário

Apresentação

Não almejo tanto escrever um livro, quanto gostaria de compartilhar um pouco de minha experiência com Deus, reconhecido da Sua muita e exclusiva graça, que me tem concedido o privilégio de perseverar no relacionamento com Ele. Minha mais pura certeza neste instante se depara com o anseio de ser útil a todos os que lutam por uma vida mais próxima de Deus. Por todos os que se fatigam na labuta por serem encontrados "como fiéis despenseiros de Deus".

Pretendo ser útil a você, ao compartilhar a visão que tem revolucionado minha vida, e que na minha concepção, asseguro ser o que de mais precioso a revelação Bíblica tem mostrado a nós. Pretendo, segundo a graça e o poder do Pai, despertar-lhe para o maior projeto de Deus em todos os tempos, apresentando-lhe Sua maior vontade para nós, os eleitos de D'Ele à salvação. Tenho consciência de que não sou o único nem mesmo o primeiro a tratar da questão central desses escritos, que lhe chamará a atenção quanto ao maior "anseio" do coração de Deus para todos os seus amados filhos.

Alegro-me profundamente, ao ser privilegiado pelo Próprio Deus a compartilhar o aprendizado de forma diferenciada, descrevendo verdades já conhecidas de todos nós, os cristãos convertidos ao Senhor Jesus, a que passamos a vivenciar desde a iluminação que recebemos do Espírito acerca de temas importantes à nossa sobrevivência cristã em fidelidade ao Senhor nesses dias tão difíceis. Espero assim alcançar o coração dos que então o Espírito Santo de Deus estabeleceu esclarecer por meio das palavras que, sob a orientação do Mesmo e respaldado por Suas Escrituras, estarei digitando, convicto de que participo como instrumento de Deus para abençoar a igreja de Cristo nesses dias pós-modernos, tão adversos aos princípios elementares do Evangelho. Princípios antigos, pois são marcos que não podem ser removidos, mas que infelizmente em sua maioria se encontram adormecidos.

Nossas Convicções "Seculares"

Durante tempos de nossa caminhada cristã como povo de Deus, acreditamos que o amor de Deus, que o seu infinito e incomparável poder, bem como sua absoluta e eterna soberania sobre tudo e todos, Lhe dava a prerrogativa de ter elaborado um plano alternativo para resolver o problema da queda do homem; caso Ele desejasse isto. Nossa compreensão é que tudo poderia ser diferente e que poderíamos hoje desfrutar da morada celeste de Deus e com Deus, se o Senhor tivesse agido de forma diferente de como agiu, criando outra história em que o homem não experimentasse o pecado. Assim, imaginamos como poderia ser indolor o processo de conhecimento que obtivemos de Deus a partir do princípio que Ele resolveu criar-nos e revelar-se a nós.

No entanto, aprendemos que a mutabilidade não é um atributo de Deus, como lamentavelmente é uma característica do homem. Todos indistintamente somos mutáveis! Porém Deus não é mutável; e já nos vem o correto pensamento de que Ele não faz nem elabora algo que possa ser alternativo, ou seja, algo que apresente uma segunda ou mais opções na possibilidade de que o plano não saia perfeito e careça de ajustes para seu pleno desenvolvimento. Tudo está patente aos olhos de Deus, já nos assegura a Escritura: *"E não há criatura que não seja manifesta na sua presença; pelo contrário, todas as coisas estão descobertas e patentes aos olhos daquele a quem temos de prestar contas"* (Hebreus 4.13). Tudo que aconteceu; tudo que acontece e acontecerá está revelado aos olhos de Deus. Todas as coisas estão concluídas e harmoniosamente executadas diante de Deus. O mundo espiritual, o mundo físico e tudo que nos cerca está perfeitamente realizado diante de Deus. Deus é o Criador de todas as coisas, e tudo se fez e se fará por Sua vontade. Nada, absolutamente nada se fez nem se fará sem que Deus tenha desejado fazer. Assim não nos esqueçamos de que Deus elimina, por sua perfeição e sabedoria, em seus atos e feitos na realização de Sua vontade, qualquer ideia que tenhamos de possibilidades. Deus está destituído de possibilidades, quando pensamos na elaboração e execução de seus planos. Definitivamente Deus não pensa duas ou mais vezes acerca de um assunto para avaliar se vai dar certo ou não. Sendo perfeito como é, seu pensamento é único e também perfeito. Não precisa de ajustes; não está sujeito a erros. Deus não está vinculado a possibilidades, como nós estamos. Deus não possui um segundo ou um terceiro caminho na execução de Sua perfeita, boa e agradável vontade. Deus tem a capacidade de pensar e falar uma única vez e, assim, realizar perfeitamente Seu imutável querer: *"em quem não pode existir variação ou sombra de mudança"* (Tiago 1.7c). Os planos de Deus não podem ser frustrados, não há uma mínima possibilidade de que isso ocorra: *"Bem sei que tudo podes, e nenhum dos teus planos pode ser frustrado"* (Jó 42.2).

Certamente que esse assunto é polêmico ou bastante polemizado no decurso da história dos homens. Credos, confissões de fé e catecismos foram minuciosamente elaborados para descrever a soberania total de Deus. Concílios foram realizados para discutir e sistematizar os ensinos acerca da perfeição de Deus. No entanto, fica simples ao observarmos a narrativa Bíblica em toda sua extensão, quando encontramos a descrição do Deus que tudo faz segundo Sua determinada e soberana vontade: "Quem guiou o Espírito do Senhor? Ou, como seu conselheiro, o ensinou? Com quem tomou Ele conselho, para que Lhe desse compreensão? Quem o instruiu na vereda do juízo, e lhe ensinou sabedoria, e lhe mostrou o caminho do entendimento?" (Isaias 40.13-14); *"Ainda antes que houvesse dia, eu era; e nenhum há que possa livrar alguém das minhas mãos; agindo eu, quem o impedirá?"* (Isaias 43.13).

Fica difícil compreender esta verdade de que Deus não está limitado a possibilidades na elaboração e execução de seus planos, quando analisamos Deus segundo a nossa limitada e pecaminosa ótica. Somos esbarrados por nossos limites, quando buscamos compreender Deus e Sua perfeição na criação de todas as coisas, e nos deparamos com o pecado, sem poder ignorar os efeitos do mesmo, ao tentarmos compreender e explicar Deus. Isto nos é impossível! Assim desviamos nossa visão acerca da perfeição de Deus na elaboração de todas as coisas de uma única forma e vez. Isto ocorre por causa de nossa natureza corrompida e totalmente depravada, como fruto do pecado herdado de Adão, nosso primeiro e legal representante. O homem tornou-se completamente desprovido de qualquer possibilidade de conhecer e entender o Eterno por suas faculdades mentais, físicas e emocionais. O homem se distanciou de Deus a tal modo que, se não fosse o Próprio Deus vir ao seu encontro, ele jamais o buscaria: "como está escrito: Não há um justo, nem um sequer, não há quem entenda, não há quem busque a Deus; todos se extraviaram, à uma se fizeram inúteis; não há quem faça o bem, não há nenhum sequer" (Romanos 3.10-12/Salmo 14.1-3). Sendo o homem incapaz de buscar a Deus e de entendê-lo, muito menos capaz está de explicar, definir Deus. Portanto fica impossível ao homem compreender exaustiva e totalmente a soberania de Deus. O homem está totalmente desprovido de qualquer entendimento correto acerca de Deus; isso lhe impossibilita entender as coisas de Deus: *"Ora, o homem natural não aceita as cousas do Espírito de Deus, porque lhe são loucura; e não pode entendê-las, porque elas se discernem espiritualmente"* (1 Coríntios 2.14). E mesmo aqueles que passaram pela experiência do "Novo Nascimento", não possuem possibilidades de total compreensão de Deus. Ainda que sendo novas criaturas, gerados pelo Espírito de Deus, continuamos sob os limites da velha natureza.

Em algumas circunstâncias, pela motivação da errônea concepção do chamado "livre arbítrio" após a queda do homem, ainda que muitos piedosos servos se encontram nessa encruzilhada, alguns creem que o Senhor poderia ter feito algo diferente e não o fez, por causa do livre arbítrio que deu ao homem. Mas não é esta a visão que a Bíblia nos deixa. Não há espaço algum na Escritura que nos permita encontrar essa possibilidade em Deus. Principalmente quando nos reportamos à verdade de que Deus é imutável. Deus rege soberana e absolutamente toda história como Ele mesmo a elaborou antes da fundação do mundo. Ele faz tudo acontecer conforme bem lhe parece antes que todas as coisas viessem à existência: *"Bendito o*

Deus e Pai de nosso Senhor Jesus Cristo, que nos tem abençoado com toda sorte de bênção espiritual nas regiões celestiais em Cristo, assim como nos escolheu, nele, antes da fundação do mundo, para sermos santos e irrepreensíveis perante ele; e em amor nos predestinou para ele, para a adoção de filhos, por meio de Jesus Cristo, segundo o beneplácito de sua vontade... de fazer convergir nele, na dispensação da plenitude dos tempos, todas as cousas, tantas as do céu como as da terra" (Efésios 1.3-10). O próprio inferno, que assola e assusta a muitos, fora criado, preparado pelo Próprio Deus para exercício de seu juízo reservado para o último dia, o também intitulado *"Grande e terrível Dia"*, ou ainda o *"Dia do Senhor"*. Isso é explicitamente citado nas Escrituras e o mesmo é determinado como *"fogo eterno, preparado para o diabo e seus anjos": "Então, o Rei dirá também aos que estiverem à sua esquerda: Apartai-vos de mim, malditos, para o fogo eterno, preparado para o diabo e seus anjos"", e, "E irão para o castigo eterno, porém os justos, para vida eterna"* (Mateus 25.41,46). Assim, não podemos fugir da verdade de que Deus elaborou todas as coisas de uma forma única, em um único e soberano momento. Num momento específico a Trindade Santíssima realizou tudo quanto temos visto acontecer diante de nossos olhos. Deus não tomou conselho com ninguém: *"Ó profundidade da riqueza, tanto da sabedoria como do conhecimento de Deus! Quão insondáveis são os seus juízos, e quão inescrutáveis, os seus caminhos! Quem, pois, conheceu a mente do Senhor? Ou quem foi seu conselheiro? Ou quem primeiro deu a Ele para que lhe venha ser restituído? Porque dele, e por meio dele, e para ele são todas as cousas. A Ele, pois, a glória eternamente. Amém"* (Romanos 11.33-36); Deus não buscou alternativas para Seu magnífico projeto de compartilhar seu amor àqueles que Ele mesmo elegeu para a salvação. Deus não buscou conhecimento em nenhum outro senão em Si mesmo. O conselho da Trindade elaborou todas as coisas de forma perfeita à execução de Seu querer eterno.

À guisa do exposto até o presente, podemos concluir que ao homem não é concedida a compreensão de Deus em sua totalidade. Tudo que o Próprio Deus revelou de Si mesmo por meio das Escrituras, entendendo Ele ser o necessário para nosso entendimento, segundo a iluminação do Seu Espírito Santo, nos proporciona oportunidade de absorver o que se faz necessário para mantermos nosso relacionamento com Ele. Logo, especular é algo perigoso e não permitido quando pensamos em Deus. No entanto a verdade de que Deus é imutável e soberanamente sábio para realização de toda sua vontade, é algo explícito nas páginas das Sagradas Escrituras. Que Deus é perfeito e todas suas ações são igualmente perfeitas não nos fica nenhuma dúvida ao estudarmos detalhadamente as Escrituras Sagradas. Se concebermos por um instante a ideia de que Deus poderia fazer algo diferente do que fez e está fazendo, estaríamos destituindo-O de sua imutabilidade, sabedoria e perfeição.

Razão de tudo

Obviamente que todo esse plano perfeito, único e absolutamente bem elaborado, isento de qualquer (ainda que mínima e até mesmo irrelevante) aparência de equívoco, tem seu desenvolvimento na efetivação da história de Deus com seu povo, e de Deus com toda sua criação, focando a revelação de Seu amor aos seus eleitos. O amor de Deus por nós, seus filhos, criando-nos a fim de que O conheçamos, O adoremos e O amemos. Esse é o foco de Deus ao elaborar imutável projeto de criação de todas as coisas. Toda a criação nos faz entender que Deus é glorioso. Logo, tudo foi por Ele criado para o louvor de Sua glória; podemos afirmar que tudo fora criado para a Sua Glória, para a exaltação do Seu ser. Esse, sem dúvida alguma fora o propósito de toda criação de Deus! Mas também podemos perceber que a causa da criação – segundo a bondade de Deus – é exatamente o homem a quem Ele elegeu para a salvação eterna antes da fundação do mundo. Isso pela verdade de que Deus não teve e nunca terá necessidade de criar tudo quanto criara. Deus não tem carência alguma. Deus é o "EU SOU".

A Bíblia sempre nos apresenta a verdade de que Deus pensou e falou uma única vez e tudo quanto desejou veio a existir pela eficácia de Sua Palavra que revelou seu desejo: *"No princípio, criou Deus os céus e a terra"* (Genesis 1.1). *"Disse Deus",* é a expressão encontrada para revelar a forma como tudo por Deus fora criado (Genesis 1.3,6,9,11,14,20,24 e 26).Quando Deus disse: *"Haja luz",* Deus não desejou algo e criou uma série de semelhantes para que houvesse uma escolha, ou realizou uma junção de coisas para se chegar àquilo que sua mente intentou criar. Assim, todas as coisas vieram à existência em uma única vez, como Deus imaginou por sua perfeição. Isso não limita Deus, como que se lhe fosse vetado o poder de escolha. Ao contrário, essa verdade manifesta-nos o que de fato Ele mesmo nos revela ser quando descobrimos sua Palavra. Deus é o *"EU SOU O QUE SOU... eu sou ME ENVIOU"... (Êxodo 3.14-15). O* ser pleno e eficaz por Si mesmo; o auto suficiente e auto existente. Deus é de tal modo perfeito que não lhe é possível alternativas, exata e exclusivamente por não haver necessidade alguma em Deus, muito menos, de buscar alternativas experimentais para realizar Sua vontade. Ele pensa e faz instantaneamente. Tudo quanto Ele, soberana e infinitamente, pensou, está para nós se concretizando, mas não para Ele. Já falamos sobre isso anteriormente. Assim entendemos a impossibilidade de que exista razão para pensar que o Senhor poderia ter buscado outro caminho, um plano B para nos trazer a salvação. Tudo que Deus planejou é a revelação de Seu incondicional e sacrificial amor àqueles que Ele criou, justificou e "salvou" antes da fundação do mundo. O querer de Deus se resume no ato em que Ele, soberanamente resolveu amar-nos antes da fundação do mundo: *"assim como nos escolheu, nele, antes da fundação do mundo para sermos santos e irrepreensíveis perante ele; e em amor nos predestinou para ele, para adoção de filhos, por meio de Jesus Cristo, segundo o beneplácito de sua vontade, para louvor da glória de sua graça, que ele nos concedeu gratuitamente no Amado"* (Efésios 1.4-6). Esta é a razão pela qual Deus estabeleceu todo esse projeto que inclui nossa existência; projeto que estamos vendo desenvolver-se. Deus resolveu, por Si só e sem nenhuma carência disto, ser glorificado pelo homem criado à sua imagem e semelhança, e com este homem estabelecer um relacionamento. Falaremos mais sobre isto adiante. No momento o que precisamos tomar como a maior razão do projeto de Deus é o amor com que Ele resolveu amar-nos. O plano perfeito está em plena e inquestionável execução por Deus, que nos amara primeiro, antes que viéssemos a amá-lo; "Nós amamos porque ele nos amou primeiro" (1João 4.19). Podemos perceber algo precioso nessa manifestação de Deus ao absorvermos a verdade de que o projeto de Deus está em criterioso e perfeito desenvolvimento, tendo como foco a sua glória. Deus resolveu que conheceríamos sua majestade, para que reconheçamos sua grandeza e tenhamos o privilégio de então adorá-Lo. Deus não divide sua glória com ninguém, não partilha seu esplendor com nenhum ser criado, nem mesmo com o homem, único ser criado à sua imagem e semelhança: *"Eu sou o Senhor, este é o meu nome; a minha glória, pois, não darei a outrem, nem a minha honra, às imagens de escultura"* (Isaias 42.8). No entanto Deus criou-nos para que conhecêssemos a Ele e experimentássemos o seu amor. Àqueles que Deus elegeu para salvação, o Senhor não apenas revela sua glória, mas lhes concede o entendimento de que somos chamados a um relacionamento com Ele, por isso nos vocaciona a que o adoremos continuamente e aprendamos a amá-lo porque Ele nos amou primeiro: *"Nós amamos porque Ele nos amou primeiro"* (1 João 4.19).

A execução do plano de Deus nos faz compreender seu "desejo" de compartilhar sua majestade e seu esplendor com os homens. Nunca houve necessidade alguma em Deus. Deus não precisa de Sua criação. Deus elaborou um projeto no qual os homens são alcançados por seu amor, e por esta razão O glorificam e isso satisfaz perfeitamente o "coração de Deus". Lembremos que nunca houve insatisfação em Deus! Os homens por Ele salvos O adoram de verdade e isso lhe é aprazível, unicamente por uma resolução amorosa do Eterno. Jamais ouve alguma necessidade em Deus, de modo que Ele nos criasse a fim de supri-la. Por amor tomou o Senhor decisão de fazer conhecida sua Santidade e glória aos homens que Ele mesmo criou: *"Não fostes vós que me escolhestes a mim; pelo contrário, eu vos escolhi a vós outros e vos designei para que vades e deis fruto, e o vosso fruto permaneça";* (João 15.16ab). O Catecismo Maior nos reporta a esta verdade, quando em sua primeira pergunta nos faz lembrar *"qual o fim principal do homem"*, que consiste em que glorifiquemos a Deus e nos regozijemos n'Ele para todo sempre. Glorificar a Deus é certamente a razão de nossa existência e regozijar n'Ele é consequência da ação AMOROSA de Deus, que nos convence por meio de Seu Espírito Santo de que somos pecadores e carentes de salvação. Ele nos salvou para que então compreendamos seu imensurável amor por nós. O amor de Deus se nos apresenta como um amor sacrificial, onde o Próprio Deus se encarnou, a saber, Jesus Cristo, o Filho de Deus e Deus igualmente ao Pai e ao Espírito Santo, sendo levado à cruz para dar-se em sacrifício pela expiação de nossos pecados. O Pai sacrificou seu Filho unigênito para que então pudéssemos ter acesso ao seu inesgotável amor. Esse amor por sua vez também é um amor justo, pois, tão somente Deus poderia prover para nós livramento da condenação do pecado. Somente O Cordeiro imaculado poderia nos trazer de volta ao Criador e Pai. *"Deus é justo, tanto que foi preciso prover um sacrifício pelo pecado. Ele é amor, tanto que Ele mesmo proveu tal sacrifício"* (Millard Erickson).

Ao considerarmos a situação de todo homem diante de Deus, inevitável e inequivocamente veremos a condenação sobre todos por causa do pecado que herdamos de Adão e Eva, como nossos legítimos e primeiros representantes. A Bíblia nos assegura tal verdade quando nos mostra que: *"todos pecaram e carecem da glória de Deus"* (Romanos 3.23), e nos fala mais quando afirma que o salário de todo pecado é a morte: *"porque o salário do pecado é a morte, mas o dom gratuito de Deus é a vida eterna em Cristo Jesus, nosso Senhor"* (Romanos 6.23). Podemos ainda lembrar a citação de Paulo, informando-nos que por meio de um homem veio o pecado, se referindo a Adão, e toda raça humana que se viu miseravelmente condenada por causa do ato de desobediência do mesmo: *"Portanto, assim como por um só homem entrou o pecado no mundo, e pelo pecado, a morte, assim também a morte passou a todos os homens, porque todos pecaram"* (Romanos 5.12). E a mesma Bíblia nos revela que foi o Próprio Deus quem tomou a iniciativa de nos trazer a redenção em Seu Filho. Isso ocorre desde o princípio e se apresenta em toda revelação Bíblica: *"Porei inimizade entre ti e a mulher, entre a tua descendência e o seu descendente. Este te ferirá a cabeça, e tu lhe ferirá o calcanhar"; "Porque Deus amou o mundo de tal maneira que deu Seu Filho unigênito para que todo que n'Ele crê não pereça, mas tenha a vida eterna"; "Porquanto há um só Deus e um só mediador entre Deus e os homens, Cristo Jesus, homem, o qual a si mesmo se entregou em resgate por todos: testemunho que se deve prestar em tempos oportunos"; "Porque o Filho do homem veio buscar e salvar o perdido"* (Gênesis 3.15; João 3.16; 1 Timóteo 2.5-6; Lucas 19.10).

Toda essa verdade se faz necessária para que compreendamos o amor de Deus, a maior razão pela qual Ele está desenvolvendo a história, de forma a fazer com que a mesma se realize em seus pormenores. Certamente podemos ter a certeza de que tudo quanto Deus está realizando, Ele o faz como citamos anteriormente, para Louvor da Sua glória. No entanto, não podemos ignorar a graciosa revelação de que a razão pelo qual Deus criou todas as coisas e continua no governo de toda Sua criação é unicamente para revelar Seu amor aos seus filhos, eleitos à salvação em Jesus Cristo antes da fundação do mundo; os que foram e serão alcançados segundo o mover de Deus em convencê-los da verdade, da justiça e do juízo: *"Mas eu vos digo a verdade: convém-vos que Eu vá, porque, se eu não for, o Consolador não virá para vós outros; se porém, Eu for, Eu vo-lo enviarei. Quando Ele vier, convencerá o mundo do pecado, da justiça e do juízo: do pecado, porque não creem em mim; da justiça, porque vou para junto do Pai, e não me vereis mais; do juízo, porque o príncipe deste mundo já está julgado"* (João 16.7-11).

Não estamos com tudo isto afirmando que Deus é o autor do pecado, uma vez que sabia que o homem pecaria e que todas as coisas foram minuciosamente elaboradas e preparadas por Ele para louvor de Sua glória. Exatamente aqui podemos lembrar algo que nos confunde muito na discussão de tão importante assunto. Ao nos reportarmos à criação encontraremos o homem criado com liberdade, sim, em pleno uso do livre arbítrio para dar direção ao seu viver. No entanto, não nos esqueçamos de que encontramos também um homem já dotado de responsabilidade em pacto com Deus, onde o princípio para aprendizado e gozo de um perfeito relacionamento com o Criador se pautava na obediência que se devia a Deus. Após o pecado, por uma inteira decisão do homem livre, é que se deu a perda do intitulado "livre arbítrio". O homem descobriu que estava nu; o homem se envergonhou de sua nudez e teve medo de Deus, revelando-nos que sua morte estava instalada pela transgressão cometida e sentença que a desobediência trazia: *"E ordenou o Senhor Deus ao homem, dizendo: De toda a árvore do jardim comerás livremente, mas da árvore do conhecimento do bem e do mal, dela não comerás; porque no dia em que dela comeres, certamente morrerás"* (Gênesis 2:16-17). *"Então foram abertos os olhos de ambos, e conheceram que estavam nus; e coseram folhas de figueira, e fizeram para si aventais. E ouviram a voz do Senhor Deus, que passeava no jardim pela viração do dia; e esconderam-se Adão e sua mulher da presença do Senhor Deus, entre as árvores do jardim. E chamou o Senhor Deus a Adão, e disse-lhe: Onde estás? E ele disse: Ouvi a tua voz soar no jardim, e temi, porque estava nu, e escondi-me"* (Gênesis 3:7-11).

O homem transgrediu uma lei; o homem quebrou a aliança com Deus quando desobedeceu, e essa ação fora fruto de sua liberdade dada por Deus. A responsabilidade do pecado está toda ela no próprio homem, que voluntariamente optou por desobedecer a ordem de Deus, quando se deixou ser dominado pela desejo de ser igual a Deus. No diálogo com a serpente, a mulher passou a não mais se importar com o controle de seus desejos, a ponto de observar que a árvore era desejável e boa de comer, permitindo não controlar o desejo que se aguçara. Tomou do fruto e comeu, quando se deixou ser driblada pela tentação de alcançar entendimento de todas as coisas, embora isto lhe fosse uma proposta mentirosa do diabo. Não nos esqueçamos de que este fora o pecado de Satanás, que se voltou contra Deus quando desejou ser igual a Ele. O Diabo já havia se rebelado contra Deus e já estava condenado ao inferno quando veio tentar o homem no Éden, e tudo que ele mesmo experimentou em seu ser, quando se viu desejoso de ser igual ou maior que Deus, ele motivou o homem a ser. Isto por imaginar, ou até mesmo desejar, que a queda do homem seria um tropeço no projeto de Deus. Na concepção do Diabo, jamais Deus faria o que fez quando prometeu a salvação aos homens. O Diabo não contava com esta ação de Deus em favor do homem, salvando-lhe em Jesus cristo. Satanás fora surpreendido por Deus, haja vista não ter sido assim para com ele, que ao pecar fora condenado ao inferno, sem nenyuma possiblidade de arrepender-se.

O pecado, portanto, não tem origem em Deus, e o pecado de Adão e Eva não fora causado pelo Diabo, apenas motivado, mas quem tomou a decisão da desobediência foi o homem. A este caberia muito bem o domínio de seu desejo quanto ao fruto da árvore do conhecimento do bem e do mal. Isto nos fica bem claro, quando encontramos Deus falando a Caim, antes que este assassinasse seu irmão Abel: *"Se procederes bem, não é certo que serás aceito? Se, todavia, procederes mal, eis que o pecado jazz à porta; o seu desejo será contra ti, mas a ti cumpri dominá-lo"* (Gênesis 4.7). Observemos que mesmo sendo contaminado pelo pecado, o Senhor adverte Caim quanto à possibilidade de dominar o desejo de matar seu irmão que norteava o seu coração. Se isso é possível a um pecador que ouve e obedece ao Senhor, quanto mais era possível ao homem antes de pecar se tivesse obedecido ao Senhor.

Asseguramos que diante da complexidade do assunto, não podemos deixar de entender a soberania de Deus, pois mesmo sabendo que o homem romperia o pacto estabelecido com Deus, foi assim que Deus entendeu ser o melhor e único caminho para que os eleitos à salvação pudessem valorizar a graça salvadora. Fora por este caminho que o Senhor focou revelar seu amor aos eleitos para a salvação. Esta fora a razão de toda criação de Deus. Tudo quanto Deus criara, o fizera para louvor de Sua glória, mas certamente que revelar e compartilhar Seu amor para com os Seus eleitos à salvação inclui a formação de tudo quanto existe por causa de Deus.

O maior "anseio" de Deus

Para melhor compreensão de nosso raciocínio, imaginemos que Deus tenha um desejo em seu coração, e que esse seja seu maior anseio. Qual, em sua opinião, seria esse desejo?... Talvez a maioria de nós ao sermos indagados como agora o somos, sejamos taxativos e rápidos em afirmar que se trata da salvação dos homens. Indubitavelmente, como harmonioso coro declararemos que não pode haver maior desejo no coração de Deus do que salvar o pecador. Restaurar o ser criado à sua imagem e semelhança, que caiu e vive distanciado do Criador, à plena comunhão com Ele, nos vem à mente como resposta sobre esse possível maior desejo de Deus.

Isso é tão real e comum em nosso meio que temos ouvido pregações em nome de Deus, onde fica a impressão de que O Mesmo tem se esforçado e até sacrificado por meio de exaustivos apelos a que o homem dê uma chance, uma oportunidade a Jesus, onde o homem é autorizado a deixar ou não o Senhor entrar em seu coração, a fim de que Jesus possa salvá-lo. Deus tem sido apresentado como que às vezes até se humilhando ao capricho humano, onde o pecador é que tem a palavra final. Em algumas situações o pregador se revela hábil em mudar até mesmo o tom de sua voz, trabalhar um fundo musical adequado a que os homens se sensibilizem a dar uma oportunidade a Jesus em salvá-los.

Quando pensamos na eficácia da exposição da Palavra de Deus e divulgamos por meio da revelação do evangelho as boas novas de salvação em Jesus Cristo, o fazemos por entender que esse é o maior querer de Deus, e que nada na mente do Senhor é mais importante que isso. Certamente não erramos quando pregamos o evangelho ao pecador. Não deixamos de cumprir uma ordem de Deus quando somos comissionados a pregar o evangelho no nosso "indo" a toda criatura: *"Ide, portanto, fazei discípulos de todas as nações, batizando-os em nome do Pai, e do Filho e do Espírito Santo"* (Mateus 28.19). Se deixarmos de expor as boas novas de salvação pecamos e transgredimos a vontade de Deus revelada e ordenada a nós. Não ignoramos a verdade de que a pregação Bíblica, visando a salvação dos pecadores, é certamente a mais bela das tarefas de que fomos encarregados; Paulo, o apóstolo, entendeu esta verdade de tal modo que nos ensina sobre tão preciosa tarefa, tomando-a como sua maior obrigação. Ele disse: *"Se anuncio o evangelho, não tenho de que me gloriar, pois sobre mim pesa essa obrigação; porque ai de mim se não pregar o evangelho"!* (1 Coríntios 9.16). Todos devem alimentar essa visão e responsabilidade que o Senhor nos deu, quando então nos transformou em suas testemunhas ao afirmar: *"Mas recebereis poder, ao descer sobre vós o Espírito Santo, e* ***ser-me-eis*** *testemunhas, tanto em Jerusalém, como em toda a Judéia e Samaria, e* *até os confins da terra"* (Atos 1.8 - griffo meu); mas com certeza não é este o maior desejo; o maior anseio do coração de Deus...

Deus sabe quantos e quais são os salvos antes mesmos que esses sejam alcançados. Deus conhece todos quantos serão quebrantados e conduzidos por Seu Espírito a se converter ao Senhor Jesus, confessando-O como Senhor e Salvador de suas vidas. Deus sabe quantos serão os salvos que habitarão o céu com Ele eternamente. Deus conhece o número exato dos salvos. Deus sabe o nome de cada um dos que herdarão a vida eterna com Ele por meio de Jesus, uma vez que o Próprio Deus os escolhera para a salvação, antes da fundação do mundo: *"Assim como nos escolheu, n'Ele, antes da fundação do mundo para sermos santos e irrepreensíveis perante Ele; e em amor nos predestinou para Ele, para a adoção de filhos, por meio de Jesus Cristo, segundo o beneplácito de Sua vontade, para louvor da Sua graça, que Ele nos concedeu gratuitamente no amado"* (Efésios 1.4-6).

O que Deus tem como maior anseio em seu coração está intimamente relacionado com a salvação dos eleitos, mas não se define na mesma. O que então pode ser apresentado como revelação do maior anseio do coração de Deus? **Deus quer que os seus salvos aprendam a relacionar-se com Ele e valorizem esse relacionamento como a maior dádiva de Deus ao pecador redimido.** Aqui apresento o maior propósito de todos os escritos até o presente momento. Acreditamos ser esta a mais promissora das revelações de Deus a nós, o seu povo remido e lavado no sangue de Cristo. Deus não quer apenas que sejamos alcançados, mas especialmente que valorizemos devidamente a maravilhosa graça de seu amor que nos permite ser restaurados a um relacionamento próximo, íntimo e eterno com Ele. Somente nosso relacionamento com Deus é algo que tem início nesta vida e jamais terá fim. Sabemos perfeita e dolorosamente que muitos poderão até se relacionar com Deus nesta vida, mas somente os que então valorizarem corretamente essa verdade desfrutarão de um relacionamento interminável com Deus. Muitos tem tido oportunidade de relacionar-se com Deus, mas não valorizam esse relacionamento, cuidando do mesmo somente em momentos específicos de sua existência. Não nos esqueçamos do que Hebreus 6. 6-8 nos informa sobre estes: *"Porque é impossível que os que uma vez foram iluminados, e* ***provaram o dom celestial****, e se fizeram participantes do Espírito Santo, e provaram a boa palavra de Deus, e os poderes do mundo vindouro, e depois caíram, sejam outra vez renovados para arrependimento; visto que, quanto a eles, estão crucificando de novo o Filho de Deus, e o expondo ao vitupério. Pois a terra que embebe a chuva, que cai muitas vezes sobre ela, e produz erva proveitosa para aqueles por quem é lavrada, recebe a bênção da parte de Deus; mas se produz espinhos e abrolhos, é rejeitada, e perto está da maldição; o seu fim é ser queimada"* (Hebreus 6.4-8 grifo meu).

Ao coroar toda sua criação com o advento da formação do homem, "homem e mulher os criou", Deus nos explicita algo de Seu ser que vai além, muito além de nossa finita compreensão e capacidade analítica. Deus resolveu, por um desejo pessoal e perfeito estabelecer um relacionamento com o homem além do ajustadíssimo relacionamento da Trindade: Deus Pai, Deus Filho e Deus Espírito Santo que estão de modo sincronizado, vivendo de forma atemporal um relacionamento. A esse ser criado de forma toda particularizado, diferenciada de todos os outros seres e de todas as coisas criadas, Deus manifestou seu maior anseio e o faz cumprir soberanamente, e nada é tão claro para nós acerca desse desejo de Deus que não seja o aprendizado e a valorização da possibilidade do nosso relacionamento com o Eterno. O Criador e a criatura estão em pleno relacionamento, e o maior desejo do Criador é que esse relacionamento seja cultivado e eternamente valorizado pelo homem. Por amor aos eleitos, Deus criou todas as coisas, e as criou para que os eleitos, sendo alcançados no tempo perfeito de Deus: *"vindo, porém, a plenitude do tempo, Deus enviou Seu Filho, nascido de mulher, nascido sob a lei"* (Gálatas 4.4), valorizem a inefável graça do relacionar-se com o Senhor Todo-Poderoso. A narrativa de Gênesis é esclarecedora quando nos mostra que Deus colocou o homem como mordomo de toda sua criação: *"E Deus os abençoou e lhes disse: Sede fecundos; multiplicai-vos, enchei a terra e sujeitai-a; dominai sobre os peixes do mar, sobre aas aves dos céus e sobre todo animal que rasteja pela terra"; "Tomou, pois, o Senhor Deus ao homem e o colocou no jardim do Éden para o cultivar e o guardar"* (Gênesis 1.28 e 2.15). O homem fora colocado diante de toda obra criada para seu deleite. Para sua contemplação e para seu crescimento no relacionamento com Deus. O Senhor se relacionava com o homem de modo particular, e por esta razão a Bíblia nos informa que na virada de cada dia Cristo se apresentava ao homem para dialogar, para amadurecer e desenvolver adequadamente no homem a apreciação e o progresso do relacionamento. Deus busca o homem para relacionar-se com Ele desde o início de todas as coisas: *"Quando ouviram a voz do Senhor Deus, que andava no jardim pela virada do dia, esconderam-se da presença do Senhor Deus, o homem e a sua mulher, por entre as arvores do jardim"* (Gênesis 3.8). A narrativa de Gênesis elucida-nos tal verdade, quando vemos Deus estabelecendo um diálogo diário com o homem. Vemos Deus determinando ao homem que cuidasse de toda a sua criação. O Senhor revelou aos nossos primeiros pais o amor que lhes dispensava para firmar esse relacionamento, quando no princípio, em ocasião da trágica queda do homem, Deus lhe assegurou o caminho da restauração na pessoa de Jesus Cristo; confirmando Seu mais precioso desejo em relação ao homem. Essa criatura caída encontraria salvação para sua existência por causa do amor com que Deus resolveu amá-la. A revelação desse amor fora a mais trágica de todas as visões que o inferno pudera ter acerca de Deus, quando então anuncia a pessoa de Seu Filho como redentor da humanidade caída no já citado texto de Genesis 3.15. Certamente que o Diabo não contava com essa ação do Pai. O que o Diabo almejava com tudo que fizera, e que lhe fora permitido realizar dentro do propósito de Deus, era uma condenação como a sua: sem perdão! Porém Deus revela seu amor incondicional ao homem.

Por nos lembrarmos da criação de todas as coisas, e especialmente da vida trazida ao homem (o que lhe facultou o privilégio de ser o que de "muito bom" Deus registrou como Seu feito), podemos afirmar que havia perfeita harmonia no relacionamento entre Deus e os homens. Esse relacionamento foi perfeito até o momento da queda por meio da desobediência de Adão e Eva, onde se deu a ruptura dessa convivência pacífica.

O homem e sua auxiliadora foram privilegiados a desfrutar de toda criação de Deus como mordomos, desde que observassem Sua ordem de não comer do fruto da árvore do conhecimento do bem e do mal. Norma estabelecida para que houvesse uma estrutura que fundamentasse o crescente relacionamento de Deus com o homem: *"E o Senhor lhes deu essa ordem: De toda árvore do jardim comerá livremente, mas da árvore do conhecimento do bem e do mal não comerás; porque no dia em que dela comeres, certamente morrerás"* (Gênesis 2.16-17).

Assim podemos assegurar e facilmente perceber que o maior anseio do coração de Deus consiste exatamente em que retornemos a esse início do relacionamento com Ele. O que Deus quer para cada um de seus filhos hoje é que os mesmos valorizem a oportunidade de se restabelecer um relacionamento com o Todo Poderoso. Deus quer que estes seus filhos reaprendam e valorizem mais e mais essa dádiva que Ele mesmo nos concedeu, segundo sua maravilhosa graça. Deus está nos chamando e capacitando a um relacionamento perfeito com Ele. Por esta razão a história de Deus com seu povo passa por todo o percurso que temos conhecido e que conheceremos segundo o cumprimento das profecias do Eterno. Tudo está se cumprindo para que seus eleitos possam valorizar devidamente o relacionamento que Cristo proporciona termos com o Pai e com o Espirito Santo.

Reprisamos a verdade de que Deus sabe perfeitamente quantos hão de ser salvos no fim da história, na consumação dos séculos. Jesus Cristo sabe perfeitamente para quantos e quais Ele morreu na cruz. Embora seja Seu sacrifício suficiente para salvar todos os homens, sabemos que Jesus Cristo morreu unicamente para os que então serão salvos pela graça que se revela no privilégio de crer em Jesus Cristo como Salvador, confessando-O como Senhor de sua vida. Portanto, asseguramos que o maior anseio do coração de Deus se dá em que os salvos já alcançados, e também os que hão de ser alcançados, possam desenvolver um relacionamento com Seu Salvador. Esse relacionamento tem que ser crescente nessa vida e eternizado no céu com o Senhor.

Basta considerar a forma providencial como Deus tem cuidado de Sua Palavra no decurso da história. Toda a narrativa de Deus nas Escrituras Sagradas nos prova a existência providencial desse relacionamento real com seu povo, servindo-nos de exemplo para que então apreciemos e nos esforcemos para desenvolver um relacionamento adequado com o Senhor, que facilmente entenderemos ser a vontade maior de Deus para nós. Consideremos o texto de Hebreus, dentre outros, que nos elucida a importância de permanência em Jesus Cristo: *"Temamos, portanto, que, sendo-nos deixada a promessa de entrar no descanso de Deus, suceda que alguém de vós tenha falhado. Porque também a nós foram anunciadas as boas novas, como se deu com eles; mas a palavra que ouviram não lhes aproveitou, visto não ter sido acompanhada por fé"* (Hebreus 4.1-2). Toda narrativa Bíblica nos incentiva a valorização do amor de Deus, que nos constrange a que o sigamos, mantendo proximidade d'Ele. Revela-nos a cada novo dia a grandiosidade do desejo de Deus em nos fazer perseverar até o fim, quando então nos relacionaremos perfeita e eternamente com Ele: *"Então, ouvi grande voz vinda do trono, dizendo: Eis o tabernáculo de Deus com os homens. Deus habitará com eles. Eles serão povos de Deus, e Deus mesmo estará com eles"; "Então, já não haverá noite, nem precisam eles de luz de candeia, nem da luz do sol, porque o Senhor Deus brilhará sobre eles, e reinarão pelos séculos dos séculos"* (Apocalipse 21.3 e 22.5).

Seguramente, afirmamos que a maior revelação das Escrituras para nós se dá na verdade que em Cristo Jesus somos salvos da condenação do pecado que pesava sobre nós, para alcançarmos verdadeiro relacionamento com o Pai. Esse é o maior anseio do coração de Deus. Por esta razão Cristo se deu em sacrifício vicário; o Espírito nos convence de toda verdade de Deus e por esta razão o Pai nos elegeu para a salvação antes da fundação do mundo para que nos relacionemos com Ele, a Trindade Santíssima.

Tal é esta gloriosa verdade, que o próprio Deus nos ensina que a Igreja é o corpo de Cristo, e que isso implica na verdade de que a Igreja não sobrevive sem Cristo, e por graça de Deus, o Próprio Cristo está ligado à igreja que não há como desassociar-se um do outro. Por decisão amorosa e amplamente graciosa, Deus deixa a igreja ser parte de sua própria existência, sendo a mesma a plenitude de seu ser. *"Para que o Deus de nosso Senhor Jesus Cristo, o Pai da glória, vos dê o espírito de sabedoria e de revelação no pleno conhecimento dele; sendo iluminados os olhos do vosso coração, para que saibais qual seja a esperança da sua vocação, e quais as riquezas da glória da sua herança nos santos, e qual a suprema grandeza do seu poder para conosco, os que cremos, segundo a operação da força do seu poder, que operou em Cristo, ressuscitando-o dentre os mortos e fazendo-o sentar-se à sua direita nos céus, muito acima de todo principado, e autoridade, e poder, e domínio, e de todo nome que se nomeia, não só neste século, mas também no vindouro; e sujeitou todas as coisas debaixo dos seus pés, e para ser cabeça sobre todas as coisas o deu à igreja, que é o seu corpo,* ***a plenitude*** *daquele que cumpre tudo em todas as coisas"* (Efésios 1.17-23 – grifo meu). Vale a pena citarmos o comentário de João Calvino acerca deste versículo: "Aqui temos a mais elevada honra da igreja: até que Ele esteja unido a nós, o Filho de Deus se considera, em alguma medida, imperfeito. Que gloriosa consolação recebemos ao ouvir que, enquanto Ele não nos tiver como um só corpo com Ele, não estará completo em todas as suas partes, ou Ele deseja ser considerado como um todo perfeito! Por isso em 1 Coríntios, quando Paulo usa a metáfora do corpo humano, ele inclui sob o nome singular de Cristo a igreja toda (12.12)".

O Pecado de Adão não foi Acidente

Não pensemos que a queda de Adão e Eva tenha sido um acidente de percurso nos planos de Deus. Não foi uma inesperada e desagradável surpresa para o Senhor o mais terrível acontecimento para a humanidade. Tudo de conformidade com a vontade de Deus. A transgressão dera início a um novo episódio dos planos de Deus e, nessa nova fase, Deus está ensinando aos homens como é grande, inigualável e incompreensível o seu amor. Isso se faz notório na ação de que imediatamente após a queda, Deus providencia vestimentas de peles de animais que foram sacrificados para encobrir a vergonha do homem. Uma atitude em que o Senhor manifesta sua decisão de cuidar do homem e restaurá-lo à comunhão com Ele. Tudo devidamente preparado por Deus. O homem conhece o amargor de sua atitude desobediente ao sentir-se incapaz e indigno de estar na presença do Divino; por esta razão afirma que, ao ouvir a voz de Deus, que vinha ao seu encontro como sempre o fazia, teve medo e fugiu: *"Abriram-se, então, os olhos de ambos; e, percebendo que estavam nus, coseram folhas de figueira e fizeram cintas para si"; "Ele respondeu: Ouvi a tua voz no jardim, e, porque estava nu, tive medo e me escondi"* (Genesis 3.7,10). O relacionamento estava interrompido por causa da ação do homem. Na continuidade dos acontecimentos que se deram no momento da queda, encontramos Deus salvando o relacionamento com o homem e prometendo-lhe a salvação por meio d'Aquele que viria como descendente da mulher para esmagar a cabeça da serpente, concedendo ao homem a rica oportunidade de reconciliação com o Criador. A partir daí, o que encontramos na história da humanidade, senão a história de Deus se relacionando com um povo que Ele mesmo chamou para Si.Um povo que lhe é exclusivo: *"nação santa, povo de propriedade exclusiva de Deus"* (1 Pedro 2.9). Isso é o que podemos observar não somente por meio das Escrituras que nos revela a proximidade deste Deus que salva, que projetou o caminho da revelação de seu amor aos homens como bem lhe pareceu, mas também pela comprovação da verdade de Deus, fazendo cumprir na história todas as Suas profecias segundo Sua Palavra. E tudo isto nos deixa clara a ideia de que Deus se relaciona com sua criação e, especialmente, está se revelando aos homens que Ele escolheu para a salvação eterna, uma vez que somente a estes é dado o entendimento de quão precioso é o relacionar-se com o Senhor Jesus como Senhor criador e sustentador de todas as coisas: *"Todas as coisas foram feitas por intermédio dele, e sem ele nada do que foi feito se fez" (João 1.3). "Mas o testemunho que eu tenho é maior do que o de João; porque as obras que o Pai me deu para realizar, as mesmas obras que faço dão testemunho de mim que o Pai me enviou. E o Pai que me enviou, ele mesmo tem dado testemunho de mim. Vós nunca ouvistes a sua voz, nem vistes a sua forma; e a sua palavra não permanece em vós; porque não credes naquele que ele enviou. Examinais as Escrituras, porque julgais ter nelas a vida eterna; e são elas que dão testemunho de mim;"* (João 5.36-39).

O belo de aprender a valorizar nosso relacionamento com o Senhor está na compreensão de que somos responsáveis diante de Deus quanto às nossas decisões, e isso é bem claro quando Deus dá a Adão e Eva o livre arbítrio antes de pecar. O homem estava em plena liberdade de escolha e optou por então ceder aos desejos de seu coração. Somos dotados de múltiplas capacidades e todas são conhecidas por Deus. Por essa razão o deixar ser driblado pelas astúcias de Satanás, não foi nenhuma surpresa para Deus quando Eva desejou comer do fruto proibido. Certamente que o desejo em si mesmo não fora o mal, pois: *"ver que o fruto da árvore era bom para se comer, agradável aos olhos e desejável para dar entendimento"* (Genesis 3.6) não consistia em nenhuma quebra de mandamento. Desejar não fora o problema, mas certa e responsavelmente não dominar seus desejos, aguçados e motivados pela ação externa do Diabo, por meio de palavras mentirosas, foi o que culminou em quebra do mandamento. Não dominar seus desejos é que fora o caminho que culminou na quebra do relacionamento tão próximo, tão íntimo com o Criador. Eva já podia exercitar a Palavra que Tiago, irmão de Jesus escreve segundo a inspiração do Espírito Santo: *"Sujeitai-vos, portanto, a Deus; mas resisti ao diabo, e ele fugirá de vós. Chegai-vos a Deus, e ele se chegará a vós outros"*... (Tiago 4.7-8a). Uma simples questão de verdadeiro e valorizado relacionamento com Deus.

Não nos equivoquemos pensando que todos esses acontecimentos no Éden se deram em minutos como na leitura que fazemos da narrativa dos fatos. Tenho plena convicção de que houvera dias em que o inimigo estava buscando oportunidade de aproximação para armar contra a criação de Deus. Certamente que um bom estudo de toda situação estava sendo executado, pois a Bíblia nos afirma que assim age Satanás contra nós e certamente ele assim o é desde a sua queda: *"Sede sóbrios e vigilantes. O Diabo, vosso adversário, ande em derredor, como leão que ruge procurando alguém para devorar"* (1 Pedro 5.8).

Para melhor entender essa questão, podemos citar Jesus no Getsêmani, em momentos antes de sua prisão. Como homem orou intensa e profundamente ao Pai manifestando o desejo de seu coração em se apartar do Calvário. Jesus viveu momento de intensa agonia em seu ser como homem, quando seu desejo se viu no caminho do Calvário: *"Então, lhes disse: A minha alma está profundamente triste até à morte; ficai aqui e vigiai comigo. Adiantando-se um pouco, prostrou-se sobre o seu rosto, orando e dizendo: Meu Pai, se possível, passe de mim esse cálice! Todavia, não seja como Eu quero, e sim como Tu queres"* (Mateus 26.38-39). Jesus responsavelmente sucumbiu-se à vontade do Pai e concluiu sua caminhada à "via crucias". Seu desejo não fora colocado acima da vontade do Pai. O relacionamento com o Pai lhe assegurava compreensão de que é melhor obedecer ao Pai do que servir a Si mesmo. A comunhão foi preservada, mesmo diante de grande prova que o homem Jesus enfrentou.

Se não houvesse em Deus sabedoria e conhecimento de todas as coisas, certamente que ficaríamos à mercê de especulações sobre todos esses acontecimentos. No entanto toda revelação de Deus por meio das Escrituras nos faz compreender a verdade de que nem mesmo a queda do homem fora algo imprevisível. Porém, assim como alguns outros assuntos são difíceis demais para nosso entendimento, esse é também um desses em que simplesmente nos resta aceitar o que Deus determinou ser bom e necessário para nosso conhecimento. Já falamos um pouco sobre este assunto em capítulo anterior. Não nos esqueçamos do aprendizado acerca da perfeição e soberania de Deus na elaboração de seus planos, onde somos ensinados não nos ser possível compreender todas as coisas: *"Quem és tu, ó homem, para discutires com Deus?! Porventura, pode o objeto perguntar a quem o fez: Por que me fizeste assim? Ou não tem o oleiro direito sobre a massa, para do mesmo barro fazer um vaso para honra e outro para desonra?"* (Romanos 9.20-21). Esse certamente é um dos mistérios que se enquadram perfeitamente na advertência Divina aos seus filhos: *"As coisas encobertas pertencem ao Senhor, nosso Deus, porém as reveladas nos pertencem, a nós e a nossos filhos, para sempre, para que cumpramos todas as palavras dessa lei"* (Deuteronômio 29.29).

Na conclusão desse tão difícil ponto, resta-nos entender que o pecado não fora criado por Deus e imputado ao homem. Mas sim um resultado das habilidades que o homem possuía antes da queda, onde lhe era possível não pecar, restando-lhe o caminho da obediência ao Senhor. A queda se deu não porque houve uma falha na criação do homem, em que não foi capaz de dominar seu desejo de comer o fruto da árvore proibida, a saber, a árvore do conhecimento do bem e do mal. Mesmo quando pensamos na árvore que possuía tal característica sendo colocada diante do homem, sendo a mesma parte integral de uma aliança entre Deus e o homem, podemos entender que Deus estava no controle desse negócio. Certamente que Deus sabia que o homem procederia como fizera, para que o querer de Deus em nos anunciar e ensinar a valorização de um relacionamento com Ele, onde aprendemos a amá-Lo intensa e fervorosamente, se desse como dera no Éden. Na caminhada que o homem tem de volta ao "Éden" lhe é possibilitada a oportunidade de aprender sobre o grande amor de Deus, o grande amor que nos tem concedido o Pai; e nessa caminhada é que então somos transformados à perfeita imagem de Deus como em Jesus Cristo: *"Vede que grande amor nos tem concedido o Pai, a ponto de sermos chamados filhos de Deu;, e, de fato, somos filhos de Deus. Por essa razão, o mundo não nos conhece, porquanto não O conheceu a Ele mesmo. Amados, agora, somos filhos de Deus, e ainda não se manifestou o que haveremos de ser. Sabemos que quando Ele se manifestar, seremos semelhantes a Ele, porque haveremos de vê-lo como Ele é"* (1 João 3.1-2).

A Árvore da Vida no Caminho de Nossa Redenção

Cabe-nos bem um parêntese a fim de chamar a atenção dos leitores acerca da árvore da vida que a Bíblia nos registra existir desde o Éden: *"Do solo fez o SENHOR Deus brotar toda sorte de árvores agradáveis à vista e boas para alimento; e também a árvore da vida no meio do jardim e a árvore do conhecimento do bem e do mal"* (Gênesis 2.9). Entender um pouco mais sobre a árvore da vida, nos esclarecerá a verdade sobre quanto o homem tornou-se responsável por seu ato de desobediência ao Senhor.

Um aspecto a se observar, nos faz entender que os homens salvos por meio da confissão de sua fé em Jesus Cristo como único Deus (mediante verdadeiro arrependimento em reconhecimento à sua depravada condição, que os impossibilitava de ter comunhão com Deus neste mundo presente e na eternidade), terão o privilégio de comer do fruto da árvore da vida. Isso ocorrerá na consumação dos séculos, conforme registra-nos a Palavra de Deus: *"Quem tem ouvidos, ouça o que o Espírito diz às igrejas: Ao vencedor, dar-lhe-ei que se alimente da árvore da vida que se encontra no paraíso de Deus"; "Bem-aventurados aqueles que lavam as suas vestiduras no sangue do Cordeiro, para que lhes assista o direito à árvore da vida, e entrem na cidade pelas portas"* (Apocalipse 2.7 e 22.14).

Curiosa a citação de que Deus expulsara o homem do Éden a fim de que esse não viesse a comer do fruto da árvore da vida na condição de pecador que se encontrou. Pois se assim o fizesse não haveria caminho de volta. No estado da queda, caso comesse do fruto da citada árvore jamais poderia livrar-se da condenação que lhe restava por causa do pecado: *"Então, disse o Senhor: Eis que o homem se tornou como um de nós, conhecedor do bem e do mal; assim que não estenda a mão, e tome também da árvore da vida, e coma, e viva eternamente. O Senhor Deus, por isso, o lançou fora do jardim do Éden, a fim de lavrar a terra de que fora tomado. E, expulso o homem, colocou querubins ao oriente do jardim do Éden e o refulgir de uma espada que se revolvia, para guardar o caminho da árvore da vida"* (Gênesis 3.22-24). Assim Deus expulsou o homem do jardim do Éden a fim de evitar sua permanência no estado de pecado comendo o fruto da árvore da vida.

"Jesus promete ao vencedor o direito de comer da árvore da vida. Ao referir-se à arvore da vida, ele efetivamente leva o leitor de volta aos primórdios da história humana. Depois que Adão e Eva pecaram, Deus os expulsou do jardim do Éden e colocou ali um anjo com uma espada flamejante para guardar a árvore da vida (Gn2.9; 3.22,24). Ao guardar aquela árvore, Deus impediu nossos antepassados de comerem do fruto da árvore da vida, e assim de viver eternamente no estado destituído de redenção no qual subsistem os anjos apóstatas. A redenção de seu povo, a qual Jesus Cristo conduz à plenitude na consumação, inclui a promessa de que todo o que vencer comerá da árvore da vida que está no paraíso (Ap 22.2, 14,19)"– Comentário do Novo Testamento; Simon Kistemaker – Apocalipse – Editora Cultura Cristã).

Os eleitos hão de comer do fruto da árvore da vida, mas tão somente o farão no tempo de Deus. E isso somente se tornou possível por causa do sacrifício de Jesus, o Próprio Deus, que se encarnou para que fosse assegurada ao homem pecador a oportunidade de voltar a Deus. Essa foi a maneira agradável a Deus de se estabelecer todas as coisas e mui especialmente a maneira como Ele entende que devemos conhecer o seu amor.

A regência absoluta de Deus sobre todos e tudo que existe é para também nos trazer à memória o valor de seu amor para conosco, haja vista que o governo de Deus visa a continuidade de restauração do relacionamento que Ele mesmo idealizou ter com o homem, mais especificamente com os quais Ele mesmo elegeu para a salvação eterna. Observe que a eleição incondicional de Deus é prova mais que suficiente para entendermos o amor que Ele nos evidenciou, pois todos, indistintamente deveriam ser lançados no inferno por causa do pecado. Mas aprouve a Deus alcançar alguns para a salvação, deixando que outros fossem condenados para que os salvos pudessem ainda mais **VALORIZAR A OPORTUNIDADE DE SALVAÇÃO**, condição insubstituível para se obter adequado relacionamento com a Santíssima Trindade.

"Que diremos, pois, se Deus, querendo mostrar a sua ira e dar a conhecer o seu poder, suportou com muita longanimidade os vasos de ira, preparados para a

perdição, a fim de que também desse a conhecer as riquezas da sua glória em vasos de misericórdia, que para glória preparou de antemão, os quais somos nós, a quem também chamou, não só dentre os judeus, mas também dentre os gentios? Assim como também diz em Oséias: Chamarei povo meu ao que não era meu povo; e amada, à que não era amada; e no lugar em que se lhes disse: Vós não sois meu povo, ali mesmo serão chamados filhos do Deus vivo. Mas, relativamente a Israel, dele clama Isaías: Ainda que o número dos filhos de Israel seja como a areia do mar, o remanescente é que será salvo. Porque o Senhor cumprirá a sua palavra sobre a terra, cabalmente e em breve; como Isaías já disse: Se o Senhor dos Exércitos não nos tivesse deixado descendência, ter-nos-íamos tornado como Sodoma e semelhantes a Gomorra" (Romanos 9.22-29).

O Próprio Deus nos assegura esta verdade ao nos afirmar que nenhum homem pode escolhê-Lo, mas todos foram devidamente escolhidos pelo Senhor Jesus: *"Não fostes vós que me escolhestes a mim; pelo contrário, eu vos escolhi a vós outros e vos designei para que vades e deis fruto, e o vosso fruto permaneça; a fim de que tudo quanto pedirdes ao Pai em meu nome, ele vo-lo conceda"* (João 15.16). *"Que se conclui? Temos nós qualquer vantagem? Não, de forma nenhuma; pois já temos demonstrado que todos, tanto judeus como gregos, estão debaixo do pecado; como está escrito: Não há justo, nem um sequer, não há quem entenda, não há quem busque a Deus; todos se extraviaram, à uma se fizeram inúteis; não há quem faça o bem, não há nem um sequer"* (Romanos 3.9-12).

Fora o Senhor quem criara o homem perverso para o dia da calamidade: *"O Senhor fez todas as coisas para determinados fins e até o perverso, para o dia da calamidade"; "Eu formo a luz e crio as trevas; faço a paz e crio o mal; eu, o Senhor faço todas estas coisas"* (Provérbios 16.4; Isaias 45.7). Obviamente que o homem fora criado por Deus em livre agência moral e tornar as coisas desastrosas fora única e exclusivamente por sua responsabilidade, e não de Deus. Mesmo esta verdade não fez com Deus fosse surpreendido negativamente com sua criação. O homem passaria por esse caminho em suas próprias decisões como um ato de desenvolvimento de sua criação.

Jesus veio ao mundo por amor. Jesus se deu pelos eleitos para que o relacionamento seja restabelecido, permaneça e alcance seu clímax no desenrolar da história, especificamente na gloriosa, definitiva e única volta de Jesus ao mundo para buscar os seus. Os que então finalmente compreenderem que o maior anseio do coração de Deus se dá em exatamente fazer com que os salvos valorizem adequadamente a vida ao lado d'Ele, firmando um relacionamento perfeito e amoroso com Ele, serão para sempre cidadãos do céu. O fruto da árvore da vida lhes pertence por graça de Deus; graça que sustenta e aperfeiçoa o relacionamento do homem salvo com seu Salvador.

Deus não está preocupado com quantos hão de confessar a Jesus como Senhor e Salvador para viver eternamente com Ele, pois Ele mesmo já elaborou a salvação destes. Deus os justificou em Cristo Jesus antes da fundação do mundo, determinando o número dos salvos em Cristo Jesus antes que o dia fosse dia, ou que a noite pudesse encobrir a luz do dia.

"Bendito o Deus e Pai de nosso Senhor Jesus Cristo, que nos tem abençoado com toda sorte de bênção espiritual nas regiões celestiais em Cristo, assim como nos escolheu, nele, antes da fundação do mundo, para sermos santos e irrepreensíveis perante ele; e em amor nos predestinou para ele, para a adoção de filhos, por meio de Jesus Cristo, segundo o beneplácito de sua vontade, para louvor da glória de sua graça, que ele nos concedeu gratuitamente no Amado, no qual temos a redenção, pelo seu sangue, a remissão dos pecados, segundo a riqueza da sua graça, que Deus derramou abundantemente sobre nós em toda a sabedoria e prudência, desvendando-nos o mistério da sua vontade, segundo o seu beneplácito que propusera em Cristo, de fazer convergir nele, na dispensação da plenitude dos tempos, todas as coisas, tanto as do céu como as da terra; nele, digo, no qual fomos também feitos herança, predestinados segundo o propósito daquele que faz todas as coisas conforme o conselho da sua vontade" (Efésios 1.4-11).

Podemos afirmar que Deus está ensinando aos seus filhos a valorizar o que havemos de fazer para todo o sempre, por toda eternidade, a saber, nos relacionarmos com a Trindade Santíssima de forma perfeita e progressiva, nunca exaustiva. Deus contínua e eternamente se revela a nós como seus filhos amados. Não haverá limites para que conheçamos mais e mais de Deus, pois Deus é infinitamente Deus. Nunca conheceremos Deus em sua totalidade, mas inevitável e gloriosamente teremos um eterno e perfeito relacionamento com Ele. Logo, esse é o maior "anseio, o maior desejo do coração de Deus", por essa razão Ele nos tem testificado no espírito por meio de Seu Espírito que somos filhos d'Ele: *"O próprio Espírito testifica com o nosso espírito que somos filhos de Deus"* (Romanos 8.16).

Na elaboração de todo plano de Deus, esse sempre foi seu maior desejo, seu maior prazer: ensinar-nos como manter um relacionamento adequado com Ele. E isso estamos aprendendo nessa caminhada, em que nos fora reservada a passagem neste mundo experimentando as turbulências, as perseguições e tribulações que esse aprendizado nos promove enquanto aprendizes limitados. Lembremo-nos das Palavras que o Senhor nos deixou por meio de João, em que somos motivados a entender que as tribulações, as provas e até mesmo as tentações que sofremos nessa vida possuem um caráter pedagógico. *"Estas coisas vos tenho dito para que tenhais paz em mim. No mundo, passais por aflições; mas tende bom ânimo; eu venci o mundo" (João 16.33).*

Jesus nos esclarece em suas diversas ações que seu relacionamento com o Pai sempre fora a mais importante ação de sua sobrevivência enquanto encarnado. Jesus não agia desassociado do Pai porque sabia quão precioso é estar em harmônica convivência com o Pai. As atitudes do Salvador sempre priorizaram a satisfação do Pai. Ao nos reportarmos aos evangelhos em todas suas narrativas, será isso o que encontraremos: a narrativa de um perfeito relacionamento do Filho com o Pai; e por causa desse relacionamento divinamente perfeito é que fomos alcançados à salvação, pois o Filho morreu para que pudesse haver um caminho que nos trouxesse de volta ao Pai. Paulo nos fala do ministério da reconciliação que Cristo exerceu em nosso favor: *"Ora, tudo provém de Deus, que nos reconciliou consigo mesmo por meio de Cristo e nos deu o ministério da reconciliação, a saber, que Deus estava em Cristo reconciliando consigo o mundo, não imputando aos homens as suas transgressões, e nos confiou a palavra da reconciliação. De sorte que somos embaixadores em nome de Cristo, como se Deus exortasse por nosso intermédio. Em nome de Cristo, pois, rogamos que vos reconcilieis com Deus. Aquele que não conheceu pecado, ele o fez pecado por nós; para que, nele, fôssemos feitos justiça de Deus"* (2 Coríntios 5.18-21).

A reconciliação se faz necessária porque o relacionamento foi quebrado, e essa é a nossa verdade. Por causa de nosso pecado, herança de Adão, nos separamos de Deus e o Próprio Deus está nos reconciliando com Ele na desenvoltura de Seu plano infalível. Esta obra de reconciliação foi organizada de forma soberana e divina, absolutamente bem elaborada, a ponto de encontrarmos a revelação de que na "plenitude do tempo" o Verbo se encarnou. Fazendo-se homem como nós para cumprir com toda promessa feita por Deus, que é zeloso para com seu nome, não permitindo que nenhuma fala seja esquecida ou equivocada. Deus é perfeito, e perfeito é todo o seu projeto!

"Veio ainda a palavra do SENHOR, dizendo: Que vês tu, Jeremias? Respondi: vejo uma vara de amendoeira. Disse-me o SENHOR: Viste bem, porque eu velo sobre a minha palavra para a cumprir"; "Porque, assim como descem a chuva e a neve dos céus e para lá não tornam, sem que primeiro reguem a terra, e a fecundem, e a façam brotar, para dar semente ao semeador e pão ao que come, assim será a palavra que sair da minha boca: não voltará para mim vazia, mas fará o que me apraz e prosperará naquilo para que a designei". "Não penseis que vim revogar a Lei ou os Profetas; não vim para revogar, vim para cumprir. Porque em verdade vos digo: até que o céu e a terra passem, nem um i ou um til jamais passará da Lei, até que tudo se cumpra" (Jeremias 1.11-12; Isaias 55.10-11 e Mateus 54.17-18).

Podemos assegurar que a ação de Deus em impedir que Adão tomasse e comesse o fruto da árvore da vida, fora uma decisão resultante da Sua graça depois da queda. E essa graça é que nos tem sustentado, para que então estejamos valorizando apropriadamente a oportunidade de aprendermos sobre o incondicional amor de Jesus Cristo por nós, de forma que assim cumpramos e satisfaçamos o maior desejo de Deus, que consiste em nos fazer próximos d'Ele, nos tornando íntimos d'Ele.

Deus Realizando Sua Obra em Nós

A ação do Espírito Santo de Deus nos capacita à compreensão da Palavra revelada, que nos traz todo conhecimento necessário acerca do plano de Deus, a fim de que sejamos alcançados por Sua graça e nos curvemos diante do Seu amor. Vivemos um momento todo especial do maravilhoso e eterno projeto de Deus, onde nesse mundo estamos tendo a rica oportunidade de conhecer e entender o Seu favor a nós. Por esta razão é que a Palavra nos revela que: *"ao homem cabe morrer uma só vez, depois disto o juízo"* (Hebreus 9.27). Aqui estamos limitados e não somos capazes de entender toda magnitude do maravilhoso plano de Deus em nos chamar à comunhão com Ele e nos oferecer a oportunidade de firmarmos uma convivência com Ele para todo o sempre. Essa é a mais bela revelação de Deus para os homens, para seus eleitos especificamente, haja vista que nem todos alcançam esse entendimento sobre qual é o maior desejo do coração de Deus. A beleza do Seu amor alcança o clímax na história de Deus conosco na pessoa de Seu Filho, quando Este veio ao mundo: *"Eis que a virgem conceberá, e dará à luz um filho, E chamá-lo-ão pelo nome de EMANUEL, Que traduzido é: Deus conosco" (Mateus 1:23).*

Foi nessa experiência, denominada a "Encarnação do Verbo", importantíssima doutrina do Cristianismo, que Deus experimentou o ser homem, algo que Ele jamais necessitou, senão fosse o amor com que nos amou: *"E o Verbo se fez carne, e habitou entre nós, e vimos a sua glória, como a glória do unigênito do Pai, cheio de graça e de verdade" (João 1:14).* Deus, como Ser perfeito que é, nunca teve carência e necessidade alguma de experimentar em seu Próprio ser a dor, a inquietação da alma, as inquietações da limitação humana e todos seus infortúnios, como ser perfeito que É. Deus somente teve essa experiência por causa do amor com que nos amou e ama.

Porém não nos esqueçamos de que a ação de Deus não finda nesse sublime ato, quando nos salvou da perdição que nos restava por causa do pecado. Precisamos lembrar que no relacionamento de Deus com os salvos há uma verdade que enche nosso coração de gozo. Já somos intensa e profundamente tocados pelo Espírito de Deus, nos convencendo de toda verdade sobre esse Seu maior querer. Isso nos é suficiente para reconhecer Seu amor por nós. No entanto aprouve a Deus nos deixar Sua Palavra para que conheçamos todas as Suas promessas que nos asseguram a continuidade do nosso relacionamento com Ele. Coisas melhores estão por vir, e muitos são os textos Sagrados que nos descrevem essas verdades coerentes com a certeza que Ele nos proporciona de que: *"Nem olhos viram, nem ouvidos ouviram; nem jamais penetrou em coração humano o que Deus tem preparado para aqueles que o amam"* (1 Coríntios 2.9). Sabemos que é o Espírito de Deus que nos tem revelado todas as coisas que a Bíblia nos diz acerca de Deus e de como Ele quer que nos portemos diante d'Ele o tempo todo. Somos capacitados pelo Espírito Santo à compreensão de Sua Própria Palavra – sua revelação. Quando nos reportamos à Palavra do Filho de Deus, nos deparamos com os ensinos das bem aventuranças, assegurando-nos que o Senhor tem para nós coisas grandiosas em uma eternidade relacional. Por essas razões é que o Espírito continua nos fortalecendo a crer que: *"nossa leve e momentânea tribulação não são por comparar com a glória por vir a ser revelada em nós"* (Romanos 8.18).

Certamente o ensino sobre nosso relacionamento com Deus permite-nos entender o quanto seu amor nos é especial. Deus quer que valorizemos a bênção de nos aproximar d'Ele, na plena convicção de que somos recebidos por Ele: *"Clama a mim, e responder-te-ei, e anunciar-te-ei coisas grandes e firmes que não sabes"* (Jeremias 33:3). Quando pensamos nesse maior "anseio" de Deus, encontramos a motivação correta a que apreciemos corretamente a oportunidade de aprender como nos relacionar com o Senhor Todo Poderoso. Somente por obra do Espírito de Deus nos vemos preparados a cuidar de nossa relação com o Senhor; e não apenas cuidar, mas aprimorá-la. A iniciativa do relacionamento sempre fora de Deus, e principalmente após a queda do homem! Sempre fora de Deus. A decisão de criar-nos revela essa verdade. A ação do Espírito de Deus em nos orientar, despertar e capacitar à busca de Deus nos permite compreender a oportunidade do aprendizado sobre nosso relacionamento com o Eterno.

A fim de elucidar um pouco mais a mente dos leitores acerca da importância do Espírito Santo no aprendizado de nosso relacionamento com Deus, devemos salientar algumas verdade sobre o Mesmo. Iniciamos com a grata revelação de que o Espírito Santo é uma Pessoa e, como tal, é a terceira pessoa da Trindade Santíssima. Observemos essas anotações:

Para entendermos a personificação do Espírito a Bíblia nos apresenta:

"1) Designativos próprios de uma pessoa quando se refere ao Espírito: *"Embora pneuma seja neutro, o pronome masculino ekeinos é utilizado com referencia ao Espírito Santo em Jo 16.14; e em Ef 1.14. Além disso, é lhe aplicado o nome Parakletos, Jo 14.26; 15.26; 16.7, termo que não pode ser traduzido por "conforto", "consolação", nem pode ser considerado como nome de alguma influência abstrata (que não tem forma).*

Um fato que indica que se trata de uma pessoa é que o Espírito Santo, como consolador, é colocado em justaposição com Cristo, como o Consolador que estava para partir, a quem o mesmo termo é aplicado em 1 Jo 2.1.

2) Atribuições de características de pessoa como *inteligência (Jo 14.26; 15.26; Rm 8.16), Vontade própria (At 16.7; 1 Co 12.11) e sentimentos (Is 63.10; Ef 4.30). Demais Ele realiza atos próprios de personalidade. Sonda, fala, testifica, ordena, revela, luta, cria, faz intercessão, vivifica os mortos, etc. (Gn 1.2; 6.3; Lc12.12; Jo 14.26; 15.26; 16.8; At. 8.29; 13.2; 21.11, I Tm 4.1; Rm 8.11; 1 Co 2.10). O realizador dessas coisas não pode ser um simples poder ou uma influência, mas tem que ser uma pessoa.*
Podemos mentir para o Espírito como fizeram Ananias e Safira (At 5.3-4). Podemos apagar o Espírito (1 Ts.5.19). Podemos entristecê-lo (Ef 4.30), e podemos ainda resistir ao Espírito (At 7.51).

"Todos elementos de pessoalidade, a saber, inteligência, vontade e subexistência individual, estão não só envolvidos em tudo o que assim se revela acerca da relação que o Espírito tem conosco e que mantemos com ele, mas lhe são atribuídos de maneira distinta. Somos informados que o Espírito conhece, quer e age. Ele sonda ou conhece todas as coisas, inclusive as profundezas de Deus. Ninguém conhece as coisas de Deus senão o Espírito de Deus (1 Co 2.10,12). Ele distribui "a cada um conforme a sua vontade" (1Co 12.11). Sua subexistência individual está envolvida em ser Ele um agente, e em ser Ele um objeto no qual termina a atividade de outros. Se ele pode ser amado, reverenciado e obedecido ou ofendido, se contra ele se pode pecar, então ele é uma pessoa". (Charles hodge – Teologia Sistemática)

3) O vínculo relacional do Espírito com outras pessoas. *O Espírito Santo é colocado em justaposição com os apóstolos em At 15.28; com Cristo em Jo 16.14; e com o Pai e com o Filho em Mt 28.19; 2 Co 13.13; 1 Pe 1.1-2; Jd 20-21.*
Pedro dirige-se aos seus leitores como os que foram "eleitos, segundo a presciência de Deus Pai, em Santificação do Espírito, para obediência e a aspersão do sangue de Jesus Cristo"(1 Pe 1.2).

4) Algumas passagens nos elucida claramente a distinção entre o poder e a pessoa do Espírito. *Lc 1.35; 4.14;At.10.38; Rm 15.13; 1Co 2.4. Tais passagens seriam tautológicas, sem sentido, e até absurdas, se fossem interpretadas com base no princípio de que o Espírito é pura e simplesmente uma força impessoal.*

"No Novo testamento, a linguagem de Jeová é citada como a linguagem do Espírito. Em Is 6.9 está escrito: Disse Jeová: "Vai, e diz a este povo" etc. esta passagem é citada por Paulo em At 28.25: "Bem falou o Espírito Santo a vossos pais, por intermédio do profeta Isaias" etc. Em Jr 31.31,33,34 afirma-se: "Eis ai vêm dias, diz o Senhor, e firmarei nova aliança com a casa de Israel" , o que é citado pelo apóstolo em Hb 10.15,16: "E disto nos dá testemunho também o Espírito Santo; porquanto após Ter dito: Esta é aliança que farei com eles, depois daqueles dias, diz o Senhor: porei no seu coração as minhas leis e sobre a sua mente as inscreverei". Assim

constantemente a linguagem de Deus é citada como a linguagem do Espírito Santo". (Hodge)

O povo de Deus sempre considerou o Espírito Santo como uma pessoa. Tem esperado n'Ele para receber instrução, santificação, direção e consolação. Isso faz parte de sua religião. O cristianismo (considerado subjetivamente) não seria o que é sem tal sentimento de dependência do Espírito, e sem tal amor e reverencia por sua pessoa. Todas as liturgias, orações e cânticos de louvor da igreja estão saturados de apelos e rogos ao Espírito Santo. É um fato que não admite solução racional se as Escrituras não ensinassem realmente que o Espírito é uma pessoa distinta.

***Importante:** O termo parakletos tem como significação gramatical "conselheiro, advogado" (Jo 14.26; 15.26; 16.7)*
Na passagem registrada por João 14.16, o termo "outro", significa outro da mesma espécie. Ficando claro que o Espírito é o substituto de Cristo e desempenhará o mesmo papel. A similaridade em suas funções é uma indicação de que o Espírito Santo, como Jesus, é uma pessoa.

Outra função que tanto Jesus como o Espírito Santo exercem e que, por conseguinte, serve como indício da personalidade do Espírito, é a de glorificar outra pessoa da trindade. Jesus afirma em Jo 17.4 que durante seu ministério na terra glorificou o Pai, e em Jo 16.14 Jesus afirma que o Espírito haveria de glorificá-lo.

O Espírito Santo é uma pessoa, não uma força, e tal pessoa é Deus, na mesma dimensão e da mesma forma, essência que o Pai e o Filho.

Entendemos a verdade de que o maior querer de Deus se dá na perspectiva de que aprendamos a nos relacionar corretamente com Jesus Cristo, nosso Deus, pelo fato de que Ele, o Espírito, é quem conhece as coisas do Próprio Deus e tão somente Ele pode nos revelar o que deseja que saibamos: *"Mas Deus no-las revelou pelo seu Espírito; porque o Espírito penetra todas as coisas, ainda as profundezas de Deus. Porque, qual dos homens sabe as coisas do homem, senão o espírito do homem, que nele está? Assim também ninguém sabe as coisas de Deus, senão o Espírito de Deus. Mas nós não recebemos o espírito do mundo, mas o Espírito que provém de Deus, para que pudéssemos conhecer o que nos é dado gratuitamente por Deus".* (1 Coríntios 2:10-12).

A ação continuada de Deus em nós por meio de Seu Espírito nos permite entender claramente que o propósito de nos manter junto a Ele é real. Por esta razão é que somos completamente dependentes do agir de Deus em nós, para que sejamos santificados a cada novo dia. Não há santificação agradável a Deus sem que haja a ação do Espírito de Deus na vida do pecador, que corresponde agindo em submissão à vontade do Espírito revelada nas Escrituras.

Portanto a obra de Deus em nós, os salvos, permitindo-nos aperfeiçoar nosso relacionamento com Ele, é comprovadamente uma obra que nos revela a ininterrupta ação de Deus em nosso favor, a fim de favorecer nosso entendimento de que Ele nos quer mais e mais próximo d'Ele. .

A Utilidade da criação

Toda iniciativa de nos criar foi de Deus. E não apenas nos trouxe à existência para que simplesmente por um período de tempo existíssemos, mas para que tenhamos a grata satisfação de reconhecer que estamos sendo preparados para eterna moradia com o Senhor. Não seremos habitantes do céu distante de Deus, mas o habitaremos junto com Ele. Logo, fica perceptível não apenas uma iniciativa de Deus, mas também a verdade da provisão de Deus na criação de todas as coisas. A criação não faz nenhum sentido sem o homem, isso é claramente revelado na nossa existência. Vemos um mundo que funciona em torno do homem. Um mundo que se constrói a partir de tudo quanto nele existe, e também um mundo que se destrói a partir da má utilização pelo homem, que o explora guiado pelas paixões pecaminosas de sua alma corrompida.

Deus precisa desse mundo que criou? Deus criou tudo e todos por alguma necessidade de seu Ser? Certa e indubitavelmente que não! Repito: Deus é o ser completo; é o ser pleno; auto existente e subsistente em Si mesmo *"...O EU SOU O QUE SOU. "O Senhor não pode ser definido ou determinado a não ser por si mesmo. Na qualidade de auto-existente, as suas promessas são firmes; Ele se revelaria em seus atos de salvação" (Êxodo 3.14 - Bíblia de Genebra – 1ª Edição)*. Então qual a razão da criação? Sabemos que tudo Deus fez para sua glória, porém, podemos reafirmar que toda criação é para o deleite do homem. Este foi o único ser criado à imagem e semelhança de Deus, e tão somente ao homem foram dadas instruções para desfrutar de toda criação, inclusive exercer o governo sobre a mesma. Somente o homem foi capacitado por Deus ao gerenciamento das coisas criadas. Somente esse homem tomou conhecimento de que é bom e necessário prestar culto a Deus. Somente o homem pode dar honras e glórias a Deus. O homem recebeu de Deus todas as coisas criadas para sua plena realização, para seu gozo. Este homem, ao contemplar toda criação e relacionando-se com Deus, aprendeu a adorá-lo: *"Ó Senhor, Senhor nosso, quão admirável é o teu nome em toda a terra, pois puseste a tua glória sobre os céus! Tu ordenaste força da boca das crianças e dos que mamam, por causa dos teus inimigos, para fazer calar ao inimigo e ao vingador. Quando vejo os teus céus, obra dos teus dedos, a lua e as estrelas que preparaste; Que é o homem mortal para que te lembres dele? e o filho do homem, para que o visites? Pois pouco menor o fizeste do que os anjos, e de glória e de honra o coroaste. Fazes com que ele tenha domínio sobre as obras das tuas mãos; tudo puseste debaixo de seus pés: Todas as ovelhas e bois, assim como os animais do campo, as aves dos céus, e os peixes do mar, e tudo o que passa pelas veredas dos mares. Ó Senhor, Senhor nosso, quão admirável é o teu nome sobre toda a terra!"* (Salmos 8:1-9).

Todas as coisas criadas são para suprir as necessidades que Deus colocou no homem, sejam elas físicas, emocionais e ou materiais. O homem está intimamente ligado à criação de Deus. Por meio da interação do homem com a Criação, Deus está se revelando também. Deus é de tal modo interessado em nosso relacionamento com Ele que, ao criar todas as coisas, pensou em toda provisão necessária para que o homem O adore numa perspectiva relacional como fruto da gratidão de ter sido o mesmo criado para interagir com Seu Criador. A provisão da salvação, por meio da vinda e vida do Messias prometido realça o valor do relacionamento com Deus, que nos amou de forma incondicional. A encarnação do Verbo foi a coroação de toda manifestação do amor de Deus para com o homem criado por Ele e para Ele. Foi a maior das provisões para a maior necessidade do homem, a necessidade de se reconciliar com Deus, o Pai. Deus proveu tudo a fim de nos aproximar d'Ele, por meio de toda criação e trazendo-nos especialmente a revelação de seu plano redentor, dando-nos ensinos sobre a eternidade após a consumação dos séculos, ou após a conclusão desse estágio em que passamos por este mundo.

Entendo essa nossa passageira estadia aqui na terra (ainda que para alguns alcance um centenário ou até mesmo o sobreponha), como sendo o segundo estágio de todo plano de Deus. Isto por sabermos e acreditarmos na existência de um primeiro momento em que já existíamos na mente de Deus. Éramos ainda inexistentes física, espiritual e emocionalmente. Sim, sem existência, no entanto, perfeitamente vivos diante de Deus desde o instante em que a Trindade decidiu executar todo esse plano que estamos conhecendo e experimentando. Somos parte privilegiada e essencial do plano de Deus.

Podemos estabelecer como parte inicial do projeto de Deus o tempo que nossos primeiros pais viveram no Éden, sem a experiência do pecado. Não sabemos qual a duração desse tempo, mas certamente ele existiu. Assim, estejamos certos de que existe um último e eterno momento em toda história de Deus com o Seu povo; e este será na nossa definitiva habitação no Santuário de Deus, no céu de Deus, em perfeita e ininterrupta comunhão com Ele. Nesse último, maravilhoso e eterno instante existencial de todos os que creram em Jesus Cristo, continuaremos a contar com a providência de Deus. Deus continuará a nos revelar coisas grandes e ocultas que não sabemos; coisas que nossos olhos nunca viram, e nossa mente finita não foi capaz de dimensionar e nem mesmo sonhar. Podemos afirmar que teremos a continuidade da criação, uma vez entendendo a eternidade como um constante conhecer de Deus.

Às vezes brinco com alguns irmãos quando saliento minha ideia, ou até mesmo vontade de que nesse tempo com Deus nos será permitido explorar todo o universo criado por Ele. Seremos capazes de conhecer e conheceremos gradativamente toda a criação de Deus que está além de nosso alcance hoje. Seremos livres de finitude e nosso novo corpo nos dará oportunidade de continuar o que Deus começou no Éden, onde o homem foi privilegiado pela ordem de administrar e dominar toda criação do Pai. Por que penso assim? Porque ao contemplar a narrativa Bíblica acerca da criação, observo que ao homem foi dada a ordem de dominar e governar sobre toda criação, e não fora retirado do pacote o universo que nos cerca. Acredito e espero poder visitar e habitar todo cosmos de Deus. Claro que esse pensamento não possui registros bíblicos definidos e claros para que possa assegurar sua verdade, mas é fruto de minha imaginação e até mesmo vontade de saber mais sobre nossa eternidade com Deus e toda sua criação. Essa ideia é minha! Não é um tratado teológico escatológico e muito menos doutrinário. Isso é coisa minha. Permitam-me sorrir. Estejamos certos que se assim não o for, em nada mudará minha alegria de estar para sempre com o Senhor no céu.

O que enfim compartilho, e isso é perfeita e amplamente provado nas Escrituras Sagradas, é a verdade de que Deus é o provedor de tudo quanto é imprescindível à nossa sobrevivência para essa existência enquanto aqui na terra e para a vida eterna com Ele. Deus nos proveu, por meio de Seu Filho Jesus Cristo, a oportunidade de reconciliação com Ele para que alcancemos vida abundante no momento de nossa passagem neste mundo. Por esta razão é que não podemos ignorar a verdade de que enquanto estamos nesse mundo é que podemos definir nossa eternidade, pois a Bíblia nos afirma que aos homens é dada a oportunidade antes que chegue a morte, pois ao chegar a mesma não haverá mais tempo: *"E, assim como aos homens está ordenado morrerem uma só vez, vindo, depois disto, o juízo"; "Mas Deus lhe disse: Louco, esta noite te pedirão a tua alma; e o que tens preparado para quem será? Assim é o que entesoura para si mesmo e não é rico para com Deus"* (Hebreus 9.27; Lucas 12.20-21). Consideremos também a Palavra: *"Como escaparemos nós, se negligenciarmos tão grande salvação? A qual, tendo sido anunciada inicialmente pelo Senhor, foi-nos depois confirmada pelos que a ouviram"* (Hebreus 2.3), a fim de que entendamos melhor a provisão de Deus em nos trazer vida eterna com Ele.

Eternidade com Deus significa distância interminável do inferno, e proximidade mais estreita de Deus por toda a continuidade de sua existência. Deus tomou a iniciativa de criar-nos por nos amar e, por tal amor, se empenha em suprir cada uma de nossas carências físicas, emocionais e espirituais. E tudo isso o Senhor faz para nos preservar em Sua presença, em comunhão com Ele. Isso é o que podemos também definir como "Graça tão maravilhosa graça"!

Discorrendo um pouco mais sobre essa perspectiva do quanto Deus quer que entendamos seu desejo de relacionar-se conosco, gostaria de compartilhar alguns aprendizados sobre nossa intimidade com Deus como sendo algo que Ele anseia que descubramos e jamais nos apartemos de possuí-la. A Bíblia, em muitos de seus sagrados textos, nos revela que Deus é chegado ao povo, e que esse povo tem a promessa de que em buscando-O, Ele se deixará ser conhecido, ser encontrado. Seu povo será curado e liberto de seus males *"E se o meu povo, que se chama pelo meu nome, se humilhar, e orar, e buscar a minha face e se converter dos seus maus caminhos, então eu ouvirei dos céus, e perdoarei os seus pecados, e sararei a sua terra". (2 Crônicas 7:14) "Porque assim diz o Senhor à casa de Israel: Buscai-me, e vivei. Mas não busqueis a Betel, nem venhais a Gilgal, nem passeis a Berseba, porque Gilgal certamente será levada ao cativeiro, e Betel será desfeita em nada". (Amós 5. 4-5).*

O Salmista Davi aprendeu sobre a intimidade com Deus e nos registrou uma bela Palavra sobre o tema, quando no Salmo 25.14 ele expressou: *"A intimidade do Senhor é para aqueles que o temem; aos quais Ele dará conhecer os seus decretos".* Podemos então afirmar que intimidade com Deus é possível, e é possível porque nos é necessária. Nenhum homem compreende o sentido de sua existência enquanto não se apercebe de sua carência de Deus. Enquanto o homem não busca relacionar-se corretamente com o Criador, não se encontra; não se define nem mesmo como ser humano! É maravilhoso saber que é possível aproximar-se do Senhor e encontrá-lo. Ele é o Todo-Poderoso, o incomparável, o inimitável, forte... Ele é único, e mesmo assim se deixa ser encontrado por quem o busque. Deus não se ausenta de todo processo da criação, mesmo nesse estágio de corrupção que a mesma experimenta. Deus é imanente, embora transcendente por sua perfeita santidade.

Deus revelou-se aos homens a fim de que os mesmos pudessem então encontrá-Lo. Se Deus não se revelasse ao homem, este jamais O conheceria, e muito menos O reconheceria como o mais precioso objeto de seu relacionamento. Deus, por meio de toda sua criação e governo sobre a mesma, revela ao homem a possibilidade de encontrá-lo; e podemos assegurar que Deus está assim possibilitando ao homem sua intimidade, os seus segredos. Para que possa o homem tornar-se íntimo de Deus e descobridor de seus segredos revelados aos que o buscam, o Próprio Deus nos mostra o caminho, para que então entendamos ser possível nos aproximar d`Ele.

O homem em sua própria constituição está em busca de Deus por necessidade inata de seu ser. *"O homem possui um vazio dentro de seu coração que é do tamanho exato de Deus"* e não pode preenchê-lo por outros meios e recursos. O homem é um ser espiritual e ninguém pode negar tal verdade. Paulo nos ensina que todos os homens possuem a lei de Deus cravada em seus corações: *"Estes mostram a norma da lei gravada em seus corações, testemunhando-lhes também a consciência, e os seus pensamentos mutuamente acusando-se ou defendendo-se";* (Romanos 2.15); daí a razão pela qual todos os homens estão em busca de Deus, mesmo que muitos não se apercebam de tal verdade. O homem se tornou incapaz de entender esta absoluta e irrefutável verdade, pois em sua condição natural não pode discernir as coisas de Deus: *"Ora, o homem natural não compreende as coisas do Espírito de Deus, porque lhe parecem loucura; e não pode entendê-las, porque elas se discernem espiritualmente" (*1 Coríntios 2.14). Nessa situação desfavorável o homem se esbarra em sua natureza depravada por causa do pecado e, além desta existe, a influência de Satanás e seus anjos, que provocam a cegueira espiritual aos homens, de modo que não podem desejar ser íntimos de Deus, não podem desejar estar na presença de Deus, mesmo que compreendam essa necessidade: "Nos quais o deus deste século cegou os entendimentos dos incrédulos, para que lhes não resplandeça a luz do evangelho da glória de Cristo, que é a imagem de Deus". "E vos vivificou, estando vós mortos em ofensas e pecados, em que noutro tempo andastes segundo o curso deste mundo, segundo o príncipe das potestades do ar, do espírito que agora opera nos filhos da desobediência; Entre os quais todos nós também antes andávamos nos desejos da nossa carne, fazendo a vontade da carne e dos pensamentos; e éramos por natureza filhos da ira, como os outros também"(2 Coríntios 4.4; Efésios 2.1-3). Por tais razões a intimidade de Deus se tornou impossível aos homens. No entanto Deus, em seu rico e esplêndido plano de redenção aos eleitos para a salvação, se encarregou de promover a possibilidade de alcançarmos intimidade com Ele. Quando Deus se voltou aos homens por meio de Jesus Cristo, a Porta fora aberta para ser novamente possível o homem obter proximidade d'Ele: *"Porque se nós, sendo inimigos, fomos reconciliados com Deus pela morte de seu Filho, muito mais, tendo sido já reconciliados, seremos salvos pela sua vida. E não somente isto, mas também nos gloriamos em Deus por nosso Senhor Jesus Cristo, pelo qual agora alcançamos a reconciliação" (Romanos 5:10-11).*

Há algo mais que devemos considerar sobre a possibilidade da intimidade de Deus ser alcançada por pecadores como nós. Podemos entender que esse é o lado negativo dessa verdade. Assim como nos é possível ser íntimos de Deus, devemos aprender que a intimidade com Deus é também desafiadora. Isso por continuarmos sendo pecadores. O desafio de alcançar essa intimidade com Deus passa pelo caminho do entendimento de que o homem precisa curvar-se diante do Senhor, reconhecendo-O como sua única alternativa para resolução de todo seu problema existencial no mundo presente e no mundo porvir, a saber, a eternidade. Pois não nos é permitido ignorar a verdade Divina sobre a eternidade dos homens, que se dará inevitavelmente de duas maneiras apenas: a eternidade será com Deus ou completamente fora de Deus, sem nenhuma possibilidade da presença misericordiosa e abençoadora de Deus. Isso se dará com aqueles que não desfrutarem de um relacionamento com o Pai, pautado na pessoa de Jesus Cristo em seu sacrifício vicário e na prazerosa observância dos seus mandamentos. Todos quantos ignorarem e desprezarem a possibilidade de intimidade com Deus haverão de estar na eternidade longe de Deus, sob os intermináveis tormentos do inferno.

Não tenhamos pretensão de convencer o leitor acerca das verdades do céu e do inferno, pois cabe ao Espírito Santo o realizar essa obra em sua vida. Apenas informamos o que o Próprio Deus nos fala sobre os fatos citados. Deus é quem nos revela a existência de um juízo final e quem soberanamente convence o homem da necessidade de salvação: *"E, quando ele vier, convencerá o mundo do pecado, e da justiça e do juízo. Do pecado, porque não crêem em mim; da justiça, porque vou para meu Pai, e não me vereis mais; e do juízo, porque já o príncipe deste mundo está julgado" (João 16:8-11); "Mas Deus, não tendo em conta os tempos da ignorância, anuncia agora a todos os homens, e em todo o lugar, que se arrependam; Porquanto tem determinado um dia em que com justiça há de julgar o mundo, por meio do homem que destinou; e disso deu certeza a todos, ressuscitando-o dentre os mortos"* (Atos 17.30-31). Não há como reconhecer o perigo que cerca o homem por causa de suas transgressões se não houver no mesmo um toque do Espírito de Deus, de forma irresistível a convencê-lo da necessidade do novo nascimento que se dá pela conversão ao Senhor Jesus. Quando isso ocorre, o novo homem, intitulado também de "nova criatura", se vê em posição privilegiada de poder invocar o nome do Senhor de forma próxima, bem perto e pessoal. Isso se faz ocorrer por meio da busca de intimidade com Deus. Essa busca por sua vez, não pode ser feita a grosso modo, de qualquer maneira: *"Buscar-me eis e me achareis, quando me **buscardes de todo vosso coração**"* (Jeremias 29.13).

Isso revela-nos o desafio da intimidade com Deus. Precisamos estabelecer uma disciplina rigorosa contra nossa carne, para que não sejamos afastados da presença e intimidade com Deus. Na compreensão de tal fato, em que nos despertamos para o desafio de uma rigorosa atitude onde nos propomos a buscar ao Senhor, podemos observar algo maravilhoso que consiste em exatamente nos aperceber que a intimidade com Deus se nos apresenta como uma ação exclusiva e totalmente dependente da vontade de Deus, uma vez que Este se manifesta misericordiosamente a quem Lhe aprouver. E o belo está em também sermos convencidos pelo Próprio Deus de que sua intimidade está à nossa mercê, cabendo-nos unicamente buscá-LO, porém de Todo Coração! Isso é demais para nós! Não há como descrever minuciosamente e explicar tal verdade. No entanto, não há nenhuma razão para que a ignoremos e nos tornemos apáticos à busca da intimidade de Deus.

É fácil associar a ideia de intimidade com relacionamento pessoal. Assim fica perceptível diante do até aqui exposto que Deus sonhou com essa maravilhosa realidade para nós. Deus já sabia que haveria possibilidade de que o buscássemos, mas também sabia que essa busca se tornaria desafiadora pelo fato de não estarmos aptos a fazê-lo unicamente por nós; por esta razão, o Próprio Deus estabeleceu os meios de graça, para que possamos sobrepor o desafio de nos tornarmos íntimos d'Ele. Deus nos deu o caminho da oração; o caminho da meditação em Sua Palavra; o caminho da participação na congregação; o caminho do jejum; o caminho da comunhão com os irmãos; o caminho da participação em seus sacramentos, a saber, a ceia do Senhor e o batismo. Muitos desses se tornam desafios para nossa caminhada em decorrência dos dias em que vivemos, e especialmente por nossas concepções limitadas acerca de quem é Deus, de quem é o Senhor que declaramos amar e **servir com alegria.**

Tudo que nos distancia de Deus, mesmo que involuntariamente, nos leva a perigosamente pensar que não estamos distantes de Deus; tudo quanto nos prende a esse mundo; tudo que nos torna cada dia mais dependentes da existência unicamente alicerçada aos caprichos de nossas paixões é o que nossa velha natureza anseia alcançar. Isso torna a possibilidade de intimidade com Deus desafiadora, haja vista que esta requer que rompamos com os anelos de nosso coração apaixonado pelo mundo. Nisso consiste o desafio da intimidade com Deus: em que resistamos ao pecado fugindo até mesmo de toda apenas aparência do mesmo, resistamos às paixões de nossa carne, mas que não abramos mão de estar com o Senhor, honrando-O contínua e diariamente. Isso se agrava por não haver desejo em nós de deixar tais paixões. Não queremos nos desvincular desses atrativos prazeres. Não temos desejo de considerá-los em sua verdadeira e enganosa transitoriedade e insuficiência de dar ao homem o que ele realmente precisa. Vivemos em plena e constante batalha espiritual onde a velha natureza tenta prevalecer contra a nova criatura criada em Cristo Jesus: *"Digo, porém: Andai em Espírito, e não cumprireis a concupiscência da carne. Porque a carne cobiça contra o Espírito, e o Espírito contra a carne; e estes opõem-se um ao outro, para que não façais o que quereis. Mas, se sois guiados pelo Espírito, não estais debaixo da lei. Porque as obras da carne são manifestas, as quais são: adultério, fornicação, impureza, lascívia, Idolatria, feitiçaria, inimizades, porfias, emulações, iras, pelejas, dissensões, heresias, Invejas, homicídios, bebedices, glutonarias, e coisas semelhantes a estas, acerca das quais vos declaro, como já antes vos disse, que os que cometem tais coisas não herdarão o reino de Deus. Mas o fruto do Espírito é: amor, gozo, paz, longanimidade, benignidade, bondade, fé, mansidão, temperança. Contra estas coisas não há lei. E os que são de Cristo crucificaram a carne com as suas paixões e concupiscências. Se vivemos em Espírito, andemos também em Espírito"* (Gálatas 5:16-25). O homem precisa se reencontrar com Seu Criador, o homem precisa ter intimidade com Deus!

O conflito que se estabelece em toda mente humana, revela-nos que Deus continua agindo em favor da humanidade pecadora. Todos, indistintamente, vivem esse conflito. Alguns se apoderam de alternativas, tais como a fama, a riqueza, o sexo, as drogas e a religiosidade, para tentar aplacar essa militância existencial. Para alguns essa ação de Deus em convencê-los do pecado, da justiça e do juízo resultará na plena aceitação de que estão carentes de Deus e então desejarão a presença de Deus e viverão como íntimos d'Ele, ainda que sob o estado de imperfeição nesse relacionamento: *"Assim como o cervo brama pelas correntes das águas, assim suspira a minha alma por ti, ó Deus! A minha alma tem sede de Deus, do Deus vivo; quando entrarei e me apresentarei ante a face de Deus?" (Salmos 42:1-2).* Outros não se atentarão para a verdade de que Deus está tornando possível alcançá-Lo e continuarão a viver distantes de Jesus, ainda que se apercebam que são falhos, por tomar a decisão de não aceitar os desafios que ser íntimos de Deus nos traz.

Aos que compreenderem a possibilidade de ser íntimos de Deus o conflito se tornará intenso e progressivo, uma vez que a aceitação do ser transformado a íntimo de Deus, lhe fará declarar sua inconformidade com o mundo e todas suas paixões, pelo processo da renovação da mente: *"Rogo-vos, pois, irmãos, pela compaixão de Deus, que apresenteis os vossos corpos em sacrifício vivo, santo e agradável a Deus, que é o vosso culto racional. E não sede conformados com este mundo, mas sede transformados pela renovação do vosso entendimento, para que experimenteis qual seja a boa, agradável, e perfeita vontade de Deus"* (Romanos 12.1-2), que lhe trará uma nova visão acerca da intimidade com Deus fazendo-o valorizar a mesma acima de todas as coisas que esta curta vida nos traz. Sua busca da presença de Deus será prioridade constante em seu viver: *"Portanto, se já ressuscitastes com Cristo, buscai as coisas que são de cima, onde Cristo está assentado à destra de Deus. Pensai nas coisas que são de cima, e não nas que são da terra; Porque já estais mortos, e a vossa vida está escondida com Cristo em Deus" (Colossenses 3:1-3.)*

Quando afirmamos que haverá intensificação do conflito espiritual que vivemos, então aceitamos o desafio da intimidade com Deus, falamos de uma verdade absoluta, onde dia após dia estaremos sendo capacitados à mortificação do velho homem que se dá em todos os tempos de nossa vida com Deus neste mundo:

"Se é que o tendes ouvido, e nele fostes ensinados, como está a verdade em Jesus; que, quanto ao trato passado, vos despojeis do velho homem, que se corrompe pelas concupiscências do engano; e vos renoveis no espírito da vossa mente; e vos revistais do novo homem, que segundo Deus é criado em verdadeira justiça e santidade" (Efésios 4:21-24). Essa mortificação carece de que estejamos próximos, íntimos de Deus, pois os desafios decorrentes deste processo de vida com Jesus, somente serão sobrepostos segundo a força de Deus em nós.

É o propósito do relacionamento entre Deus e seus filhos. Estamos sendo preparados para a melhor, crescente e eterna intimidade com nosso Criador, quando participamos ativamente do processo da mortificação da velha natureza, aceitando os desafios das transformações que sofremos na perspectiva de aprimoramento da comunhão com Deus. Temos muitas arestas a reparar e, para tal o procedimento muitas vezes será doloroso. Estamos sendo transformados dia após dia: *"Mas todos nós, com rosto descoberto, refletindo como um espelho a glória do Senhor, somos transformados de glória em glória na mesma imagem, como pelo Espírito do Senhor"* (2 Coríntios 3:18).

Não imaginemos que o fato dos desafios existirem proporciona uma realidade meritória, a todo o que se vê nesse caminho de intimidade com Deus, haja vista a necessidade de esforçar-se para permanecer. Jamais alguém que se vê nessa condição poderá ter a certeza, segundo a Bíblia de estar no caminho certo. Nossos esforços apenas reforçam a verdade de que Deus nos chama a um relacionamento, onde o alicerce é a sua graça sobre o pecador alcançado para a salvação. Jamais a intimidade de Deus e com Deus, mesmo nos trazendo necessidade de esforços pessoais, se torna uma ação em que alcancemos mérito e Deus se veja obrigado a se revelar-se a nós, ou até mesmo cuidar de nós e nos outorgar vida eterna ao seu lado. Todo entendimento que o homem alcança no processo de se envolver mais e mais com Deus, se tornando mais intimo do Senhor a cada novo dia, inevitavelmente o levará à compreensão de que, mesmo existindo responsabilidades a cumprir e caminhos a percorrer para alcançar mais intimidade com Deus, somos antes de tudo agraciados pela chamada eficaz do Espírito a que nos rendamos inteiramente ao senhorio de Cristo para nossa salvação. Todo aquele que se torna próximo de Deus, reconhece o toque inicial e fundamental do Santo Espírito que o convenceu da necessidade de Jesus Cristo em sua vida. Reconhece que tão somente o próprio Deus o capacita, por meio de Seu Espírito Santo, a viver em intimidade com Jeová.

A intimidade com Deus, mediante a graça sobre nós, é aperfeiçoada, e esse aperfeiçoamento está estritamente ligado à responsabilidade que temos por cultivá-la. Essa progressão do relacionamento íntimo com Jesus se dará em toda eternidade, mas não será possível a ninguém alcançá-la na vida pós-morte. Tem que iniciar nesta vida. O desafio da intimidade com Deus tem que ser vencido e aceito enquanto o homem está neste mundo, pois ao vir a morte, que o levará para a eternidade não haverá mais opção de buscar a Deus. Quem partir desta vida sem se submeter aos desafios da intimidade com Deus, lamentavelmente terá a triste confirmação de que sua eternidade será totalmente desprovida da presença de Deus. Nossa santificação nos faz compreender melhor esse desafio. Se não nos propusermos a batalhar diligentemente pela santificação de nosso ser, não haverá evolução em nossa relação com Deus.

Outro aprendizado a compartilhar quanto à intimidade com Deus se dá pelo fato de que podemos também descrevê-la como extraordinária. Vai muito além de nossa mísera compreensão. Ser íntimo de Deus nos proporciona compreensão de sua revelação e é exatamente isso que temos visto até o momento. O extraordinário começa quando se nos torna possível ver as Escrituras Sagradas não mais como um livro comum. Quando percebemos que a Bíblia é, em toda sua extensão, a Palavra de Deus, podemos ter a certeza de que o extraordinário de Deus já está acontecendo. Ao "homem natural" não é possível entender e crer na Bíblia como Palavra inspirada por Deus: *"E que desde a tua meninice sabes as sagradas Escrituras, que podem fazer-te sábio para a salvação, pela fé que há em Cristo Jesus.Toda a Escritura é divinamente inspirada, e proveitosa para ensinar, para redarguir, para corrigir, para instruir em justiça; para que o homem de Deus seja perfeito, e perfeitamente instruído para toda a boa obra"* (2 Timóteo 3.15-17).

Muitos são os que em nossos dias possuem amplo conhecimento sobre a Bíblia como livro histórico e religioso, mas não podem extrair da Mesma as palavras que vivificam o seu ser; não conseguem compreender o que significam suas verdades; não estão aptos ao significado da própria Bíblia. Textos, como os que seguem, lhe são ao menos estranhos e incompreensíveis: *"A lei do Senhor é perfeita, e refrigera a alma; o testemunho do Senhor é fiel, e dá sabedoria aos símplices. Os preceitos do Senhor são retos e alegram o coração; o mandamento do Senhor é puro, e ilumina os olhos. O temor do Senhor é limpo, e permanece eternamente; os juízos do Senhor são verdadeiros e justos juntamente"; "Isto é a minha consolação na minha aflição, porque a tua palavra me vivificou"* (Salmos 19.7-9; 119.50). Isso ocorre com multidões, exatamente por não terem o privilégio de ser íntimos de Deus. Não possuem correto relacionamento com o Espirito Santo, e assim não são capazes de absorver as extraordinárias revelações e manifestações das Escrituras Sagradas. Ninguém que não seja próximo de Deus possui o Seu Espirito para trazer-lhe compreensão do que fala por meio de Sua Palavra; ainda que possam ter todo conhecimento das letras sagradas, jamais poderão absorver sua maior verdade sobre o caminho da salvação eterna, caso não aproximem de Deus com o intento de lhe ser chegado, de lhe ser adorador fiel e filho amado, por meio da redenção que existe somente em Jesus Cristo.

Muitos outros ouvem atentamente a Palavra de Deus quando exposta por meio dos pregadores e são capacitados a vê-la transformando suas vidas. A maior prova dessa transformação está no quanto o desejo de estar com Deus se aguça e passa a reger sua vontade a partir do entendimento. A intimidade com Deus é extraordinária por nos promover esse mover de Deus a nosso favor, nos levando à compreensão de nosso deplorável estado sem Jesus Cristo. Esse mover de Deus nos proporciona arrependimento necessário à remissão dos nossos pecados. Somente quando a aproximação do Senhor ocorre como fruto do poder da graça irresistível de Deus por meio de Seu Espírito Santo, nos trazendo à presença do Senhor (completamente quebrantados e agora cônscios de nossa depravada natureza adâmica), é que nos libertamos das amarras espirituais de nossa alma e assim obtemos revelação de quem de fato somos, e percebemos que jamais fomos o que nossa natureza pecaminosa nos dizia que éramos: auto suficientes para todas as coisas e inclusive para nossa salvação eterna. Pensávamos ser capacitados a um agradável relacionamento com Deus, buscando-O sempre que nos fosse conveniente e necessário.

A intimidade com Deus promove em nós a extraordinária e inseparável convicção de vida eterna ao lado de Deus, completamente fora da eternidade no inferno. Quanto mais perto de Deus, quanto mais conhecimento de Deus por estar mais próximo d'Ele, mais capacitado a ver meu futuro eu sou. Quanto mais conheço da santidade de Deus, sendo lhe próximo, mais firmo minhas convicções acerca do valor das tribulações e das provações que enfrento nessa vida por causa de Cristo: *"O Espírito mesmo testifica com o nosso espírito que somos filhos de Deus; e, se filhos, também herdeiros, herdeiros de Deus e co-herdeiros de Cristo; se é certo que com ele padecemos, para que também com ele sejamos glorificados. Pois tenho para mim que as aflições deste tempo presente não se podem comparar com a glória que em nós há de ser revelada"* (Romanos 8.16-18). *"Bem-aventurados os humildes de espírito, porque deles é o reino dos céus. Bem-aventurados os que choram, porque eles serão consolados. Bem-aventurados os mansos, porque eles herdarão a terra. Bem-aventurados os que têm fome e sede de justiça porque eles serão fartos. Bem-aventurados os misericordiosos, porque eles alcançarão misericórdia. Bem-aventurados os limpos de coração, porque eles verão a Deus. Bem-aventurados os pacificadores, porque eles serão chamados filhos de Deus. Bem-aventurados os que são perseguidos por causa da justiça, porque deles é o reino dos céus. Bem-aventurados sois vós, quando vos injuriarem e perseguiram e, mentindo, disserem todo mal contra vós por minha causa. Alegrai-vos e exultai, porque é grande o vosso galardão nos céus; porque assim perseguiram aos profetas que foram antes de vós"* (Mateus 5.3-12). *"Amados, não estranheis a ardente provação que vem sobre vós para vos experimentar, como se coisa estranha vos acontecesse; mas regozijai-vos por serdes participantes das aflições de Cristo; para que também na revelação da sua glória vos regozijeis e exulteis"* (1 Pedro 4.12-13).

Portanto, a intimidade com Deus é extraordinária por me trazer de forma inseparável, mas vívida e responsável, a certeza de que tenho vida eterna com Deus e posso então viver na total dependência d'Ele nesta vida adorando-O em todo tempo e em toda e qualquer circunstância. Pois é o ser íntimo de Deus que me proporciona entendimento da Palavra que me assegura inseparável comunhão com o Pai nesta e na vida porvir: *"Que diremos, pois, a estas coisas? Se Deus é por nós, quem será contra nós? Aquele que nem mesmo a seu próprio Filho poupou, antes o entregou por todos nós, como não nos dará também com ele todas as coisas? Quem intentará acusação contra os escolhidos de Deus? É Deus quem os justifica; Quem os condenará? Cristo Jesus é quem morreu, ou antes quem ressurgiu dentre os mortos, o qual está à direita de Deus, e também intercede por nós; quem nos separará do amor de Cristo? a tribulação, ou a angústia, ou a perseguição, ou a fome, ou a nudez, ou o perigo, ou a espada? Como está escrito: Por amor de ti somos entregues à morte o dia todo; fomos considerados como ovelhas para o matadouro. Mas em todas estas coisas somos mais que vencedores, por aquele que nos amou. Porque estou certo de que, nem a morte, nem a vida, nem anjos, nem principados, nem coisas presentes, nem futuras, nem potestades, nem a altura, nem a profundidade, nem qualquer outra criatura nos poderá separar do amor de Deus, que está em Cristo Jesus nosso Senhor"* (Romanos 8.31-39).

Um último aspecto a ressaltar nessa afirmativa de ser extraordinária a intimidade com Deus se deve também ao fato de que não são poucas as Suas manifestações em favor de livrar os que lhe são chegados: *"Muitas são as aflições do justo, mas o Senhor os livra de todas"* (Salmo 34.19), já expressava o salmista como fruto de sua íntima experiência com Deus. Os livramentos de Deus são incontáveis na vida dos que tem intimidade com Ele, pois Deus é fiel à Sua palavra. Ele mesmo se empenhou em ser nosso protetor enquanto lhe somos servos íntimos: *"Deus é o nosso refúgio e fortaleza, socorro bem presente na angústia. Pelo que não temeremos, ainda que a terra se mude, e ainda que os montes se projetem para o meio dos mares; ainda que as águas rujam e espumem, ainda que os montes se abalem pela sua braveza"* (Salmo 46.1-3).

Sobreviver sim. Intimidade, quem sabe?

Os acontecimentos que nos circundam vão firmando nosso pensamento sobre a perfeição do Deus que servimos que, ao elaborar todas as coisas, fez com o intuito de que descubramos o privilégio de estar em Sua augusta e poderosa, majestosa e graciosa presença. Isso fará profunda diferença em nosso viver, especialmente nesses dias pós-modernos. Hoje somos estrangulados pelo ativismo, em que mergulhamos nas muitas e necessárias atividades, para assegurar a nossa sobrevivência neste planeta. Isso tem tirado de nós a correta visão da Providência Divina, afastando-nos das possibilidades de experimentar o poder de Deus, por meio de uma vida próxima d'Ele.

A luta pela sobrevivência tem cegado o entendimento dos homens, que passam a não ter tempo suficiente para cultivar uma vida de relacionamento bem próximo do Eterno. Não temos tempo para nos importar com Deus e isso nos tem causado profundas chagas e feridas. As condições físicas e emocionais deste nosso pequeno mundo desviam-nos da possibilidade e necessidade que temos de nos satisfazer em Deus.

Tornamo-nos tão racionais e aprisionados à tecnologia que não há mais espaço para o Senhor, para a fé no coração do homem pós moderno; especialmente pelo maléfico efeito da errônea visão de que Deus está em tudo e em todos; tudo depende da ótica pessoal de cada homem nesses dias que vivemos. Tudo é relativizado! A vida se torna uma questão de força e confiança em si mesmo, mais do que a declaração de dependência total e incondicional do Eterno. Logo, a providência Divina, que se estabelece na total soberania de Deus, deixa de ser a melhor alternativa para o homem dos dias de hoje. Consequentemente, o estar mais próximo de Deus deixa de ser o que move o coração dos homens, e não apenas os homens secularizados, os homens prisioneiros do século presente, mas infelizmente muitos dos que se declaram convertidos ao Senhor Jesus assim estão sobrevivendo. Muitos dos servos do Senhor Deus não tem descansado em Sua providência governamental e absolutamente soberana, vivendo próximos e tão longe de Deus. Não temos observado a validade da ordem divina a nós: *"Aquietai-vos, e sabei que Eu sou Deus; sou exaltado entre as nações, sou exaltado na terra"* (Salmo 46.10). Sobre essa ideia recomendo a leitura dos escritos do livro de autoria do Reverendo Hernandes Dias Lopes intitulado "Quase salvo, porém totalmente perdido".

Essa realidade tem nos assustado profunda e exaustivamente como Pastor Evangélico. Nossos templos estão abarrotados de crentes, membros comungantes da Igreja do Senhor Jesus, que simplesmente resumiram sua relação com Deus a um culto à noite de domingo. E de preferência um culto rápido, "fast food", "self servisse", com adicional de uma mensagem adornada de positivismo; nada de conferências sobre pecado e muito menos sobre a triste ideia do inferno.

Para sobreviver como se nada mais existisse além deste mundo, muitos de nós estamos nos afirmando grandes guerreiros pelas coisas do mundo que nos cerca, e promovendo uma falsa sensação de segurança e bem estar. Estamos fazendo de tudo para continuar vivos e bem, nessa selva de pedra que é nosso habitat. Isso nos faz recordar um personagem bíblico que muito nos ensina acerca do perigo de nos importar mais com a sobrevivência nesta vida do que com a vontade de Deus. O registro dessa verdade se encontra em 1 Reis 17.1 -19.21. Houve um profeta de Deus chamado Elias, que aparece na história de uma forma inusitada. Um homem sem uma história importante ou destacável, mas que simplesmente é citado como o Tesbita que repreende corajosamente o rei Acabe, rei de Israel que sustentava a idolatria em seu palácio e reino.

Esse homem, chamado Elias, não possuía um Currículo Pastoral invejável que lhe autorizasse falar em nome de Deus, a não ser o que podemos testemunhar pela narrativa de suas palavras e ações, que era homem íntimo de Deus. Elias surge no reinado do pior rei que Israel teve em toda a sua história, a saber, o perverso e histórico rei Acabe. Elias o confronta e lhe fala acerca do pecado de idolatria reinante no palácio, o que consequentemente promoveu a derrocada do povo de Israel, por pactuar com essa prática. Em virtude deste estado espiritual da nação, Elias determina que não haveria chuva durante três anos e meio, como disciplina de Deus, e assim se deu. Num momento apoteótico e singular, após o período da seca, Elias retorna à presença do rei, e reunindo todos os profetas de Baal, bem como seus postes ídolos, numa apresentação sem igual por meio de uma oração, invoca a presença de Deus e fogo cai do céu consumindo todo o holocausto do altar. Isso foi o sinal de que Deus era o Senhor que deveria ser adorado pelo povo de Israel, que já O havia deixado.

Numa pergunta em que Elias confronta o povo sobre quem era o verdadeiro Deus, o povo se cala: *"E Elias se chegou a todo o povo, e disse: Até quando coxeareis entre dois pensamentos? Se o Senhor é Deus, servi-O; mas se é Baal segui-o, o povo, porém, não lhe respondeu nada"* (1 Reis 18.21). Esse era o povo de Deus, que deveria em todo instante proclamar a verdade de que Jeová é o Senhor. Somente após a manifestação de Deus, respondendo o clamor de Elias (matando a todos os profetas de Baal, sustentados pelo rei Acabe e sua perversa esposa Jezabel), o povo se volta à verdade de que só o Senhor é Deus: *"Então caiu fogo do Senhor, e consumiu o holocausto, a lenha, as pedras, e o pó, e ainda lambeu a água que estava no rego. Quando o povo viu isto, prostraram-se todos com o rosto em terra e disseram: O Senhor é Deus! O Senhor é Deus! Disse-lhes Elias: Agarrai os profetas de Baal! Que nenhum deles escape. Agarraram-nos; e Elias os fez descer ao ribeiro de Quisom, onde os matou".* (1 Reis 18.38-40).

Elias reergue o altar de adoração ao Senhor, reconduz o povo à Jeová e assim se vê vitorioso diante do grandioso desafio contra o inferno. Elias revela ser homem de muita intimidade com Deus, pois orou ao Senhor e houve seca. Depois clamou a Deus e fogo caiu do céu para consumir o holocausto, o que os profetas de Baal não conseguiram realizar desde a madrugada até às quinze horas do dia. Elias fez uma única oração e pronto. Fogo irrompeu do céu! Como fosse pouco, Elias orou para que houvesse chuva e, ao ser informado por seu servo que no horizonte havia uma "pequena nuvem" do tamanho da mão de um homem, manda avisar ao rei que uma torrencial chuva estava chegando (1 Reis 18.42-46).

No entanto, esse mesmo Elias, ao ser informado do desejo da perversa esposa de Acabe, a rainha Jezabel, que estava enfurecida por saber da morte e da vergonha de seus profetas, ameaçando-o de morte, e isso ela faria no outro dia em vingança pelo inferno, não titubeia e para "salvar sua vida" foge; luta pela sobrevivência e toma a decisão de trilhar um caminho que Deus não lhe havia designado. Uma decisão fora do contexto da vontade de Deus: *"Quando ele viu isto, levantou-se, e para escapar com vida, se foi. E chegando a Berseba, que pertence e a Judá, deixou ali o seu moço"* (1 Reis 19.3).

Elias, no momento em que considerou a sobrevivência mais significativa que a vontade de Deus para sua vida, toma uma decisão impensada; e isso fica explícito quando ele mesmo revela o desejo de morrer, no ato de Deus lhe sair ao encontro por meio de um anjo e lhe falar na caverna: *"Ele mesmo, porém, se foi ao deserto, caminho de um dia, e veio, e se assentou debaixo de um zimbro; e pediu para si a morte disse: Basta, toma agora, ó Senhor, aminha alma, pois não sou melhor do que meus pais". "Ele respondeu: Tenho sido em extremo zeloso pelo Senhor, deus dos exércitos, porque os filhos de Israel deixaram a tua aliança, derribaram os teus altares e mataram os teus profetas à espada; e eu fiquei só, e procuram tirar-me a vida"* (1 Reis 19.4,14). Elias ficou profundamente abatido com a ameaça da perversa rainha, que nem mesmo teve coragem de ir-lhe ao encontro, mas mandou-lhe um recado sobre seu possível assassinato (1 Reis 19.2). Elias desejou a morte, embora tenha fugido para assegurar sua sobrevivência.

Minha opinião é que Jezabel não faria isso, por estar temendo o próprio profeta, pois nem mesmo foi ao seu encontro. Isso afirmo pelo fato de que ela ainda era rainha de Israel e tinha em suas mãos o próprio rei. Continuava praticando perversidades, como matar a Nabote. Ela poderia muito bem ir ao encontro de Elias e matá-lo sem ameaças por meio de um mensageiro como fizera. Todos os acontecimentos com seus poderosos profetas abalaram sua estrutura e coragem. Nada lhe impediria de sair ao encalço do profeta para exterminá-lo com quantos soldados ela desejasse. O que lhe impedira de ir ao encontro do profeta? Certamente os acontecimentos no Monte Horebe desestruturaram a poderosa força do inferno que reinava sobre o palácio. A oração de Elias, a intimidade que aquele homem possuía com Deus e a manifestação do poder de Deus por meio do mesmo, abalaram por completo a rainha. O inferno estremeceu. O povo obedeceu ao profeta e lançou mão dos demônios de Baal, profetas adoradores de Satanás, sustentados e protegidos pela rainha. Com certeza enfurecida estava a "dama de ferro do palácio"; a representante das trevas no meio do povo de Deus, porém, não podia negar que Deus fora mais poderoso do que o inferno, não lhe era possível ignorar a força de Deus. Um misto de ódio infernal e medo extasiante tomou conta da então temida Jezabel, não lhe restando nenhuma alternativa a não ser enviar alguém ao profeta com intuito de ameaçá-lo. Uma atitude que demonstra sua ira, uma maneira de extravasar sua angústia, seu ódio incontido pelo homem de Deus. Não havia possibilidade de que ela cumprisse o que determinara, já que Elias era homem do propósito de Deus.

Voltando ao profeta, podemos perceber que, em um momento, o mesmo se esqueceu de tudo quanto Deus lhe havia permitido experimentar como fruto de sua proximidade ao Senhor, o homem Elias que orou e viu os céus abrir-se em fogo para fazer valer sua palavra; homem que orou e viu a chuva chegar para regar a terra; o mesmo homem que orou e determinou segundo sua palavra e dependência de Deus, que não choveria sobre a terra e não choveu; esse homem esqueceu rapidamente dos feitos de Deus, quando se viu ameaçado de morte e, na sua luta pela sobrevivência, ignorou todos os feitos de Deus até o momento da ameaça.

Isso acontece conosco nesses dias corridos, competitivos e conturbados do século XXI. Pela necessidade de sobreviver, deixamos de considerar os feitos de Deus. Esquecemo-nos facilmente do último milagre de Deus em nosso favor. Isso faz com que nos desviemos do caminho proposto e mui carinhosamente elaborado pelo Próprio Deus para nós. E quantas não são as vezes que nos vemos encavernados e murmurando contra Deus como o fez Elias? Quando o anjo lhe indaga, por duas vezes, sobre por qual razão estava ali, Elias tenta justificar sua estadia no lugar indevido, sem perceber que sua luta para salvar sua vida o estava cegando, de forma que na segunda resposta dada ao anjo, o profeta já irritado acresce as palavras "em extremo zeloso", manifestando sua indignação com a insistência por parte do Senhor, que se revela a Elias, buscando-o por meio de um diálogo: *"Ali, entrou numa caverna, onde passou a noite; e eis que lhe veio a palavra do Senhor e lhe disse: Que fazes aqui, Elias?"* (1Reis 19.9).

A luta pela sobrevivência no mundo ocidental pós-moderno tem sido motivada pelo ativismo e pelo consumismo. Assim, muitos são os que estão vivendo sem intimidade alguma com Deus e alguns outros que deveriam, como Israel, declarar sua intimidade com Deus, mantém com Ele um relacionamento superficial. A sobrevivência tem se apresentado mais importante que a vontade de Deus em ser íntimo nosso, em se revelar àqueles que deveriam buscá-lo com mais devoção, a saber, os salvos por meio da graça em Jesus Cristo. Assim, a intimidade com Deus, embora seja possível e aprazível a todos os seus eleitos, tem se mostrado extremamente desafiadora, porque os servos do Senhor estão mais e mais aprisionados a esse mundo, preocupados com a sobrevivência nesta vida, sem compreensão e experiência de crer em Jeová-Jirê, o Deus provedor de seu povo.

Acreditar que *"aos seus amados Ele o dá enquanto dormem"* (Salmo 127.2c) não significa cruzar os braços e viver irresponsavelmente, mas significa ter confiança de que estar com Deus e dedicar-lhe adoração qualitativa e quantitativa é a mais certa decisão, a fim de manter nossa sobrevivência neste e no mundo porvir. Trabalhar o suficiente para alcançar o necessário que Deus reservou a cada um dos seus filhos é acreditar que Deus distribui como lhe apraz suas riquezas e abençoa a todos igualmente. Deus faz prosperar abundantemente todos quantos compreendem a verdade de que Ele é e sempre será Deus Provedor e galardoador daqueles que n'Ele confia firmemente: *"De fato, sem fé é impossível agradar a Deus, porquanto é necessário que aquele que se aproxima de Deus creia que Ele existe e que se torna galardoador dos que o buscam" (Hebreus 11.6).*

O melhor de Deus para nós

Podemos assegurar que chegamos ao ápice de nosso contato, quando compartilho a mais revolucionária verdade de Deus revelada aos seus eleitos já alcançados pela ação do Espírito Santo de Deus. Esta é uma verdade "exponencial" e maravilhosamente compreensível, no entanto pouco valorizada pelos cristãos do século presente, e lamentavelmente esquecida por muitos dos salvos para a eternidade com Deus. Verdade amplamente assimilada por todos quantos no passado deram suas vidas pela causa do Senhor, de modo que experimentaram cadeias, perseguições e até mesmo a morte. Verdade esta que nos faz entender um pouco mais do amor de Deus por nós, pecadores eleitos pela graça à salvação eterna.

Não se trata de nada novo e muito menos alguma revelação extra Bíblia, pois a descrevo assim: Deus nunca foi homem antes de Jesus Cristo. Inicialmente expresso minha compreensão e definição de que "nunca" para mim na expressão citada revela uma ideia literal. E isso foi e é revolucionário ao considerar o amor de Deus por nós. Deus só foi homem uma única vez, e num determinado momento, que Paulo intitula de ser "na plenitude do tempo".

Deus experimentou algo que jamais experimentaria, se não houvesse Ele mesmo criado o homem à sua imagem e semelhança e, mesmo sabendo da sua queda, não houvesse escolhido os que Ele iria salvar antes da fundação do mundo. Ele não experimentaria nossas dores. Deus teve a experiência de saber sobre a inquietação do Espírito; de sentir dores físicas e emocionais e todas as situações que nos proporcionam aflições nesse mundo decaído, unicamente por resolução misericordiosa. Deus nunca teve necessidade de qualquer coisa e muito menos de experimentar algo que sabemos ser fruto do pecado do homem. Deus sempre soube o que seria a dor, mas nunca a experimentaria se não houvesse nos amado antes da fundação do mundo. Por esta razão é que precisamos valorizar a verdade de que Deus nunca foi homem antes de Jesus Cristo; Ele experimentou o que nossa queda nos trouxe, tão somente porque se encarnou. Tornou-se homem como nós. Assim, fora tentado em todas as coisas, mas não cedeu e tomou sobre Sí as nossas dores, compreendendo-as melhor que nós mesmos.

A descrição Bíblica extremamente abençoadora é que "Ele sabe o que é padecer". Tornou-se varão de dores. Tomou sobre si nossas enfermidades. Soube o que temos sabido acerca das tristezas que o nosso pecado nos trouxe, sem que Ele mesmo cometesse algum delito. Ele aprendeu sobre isso, pois como Deus perfeito e santo jamais saberia o que é a dor, já que a mesma é fruto de sua justiça contra todo pecado. Deus não teria como experimentar juízo contra o pecado, pois jamais encontramos n'Ele pecado algum.

"Quem deu crédito à nossa pregação? e a quem se manifestou o braço do Senhor? Pois foi crescendo como renovo perante ele, e como raiz que sai duma terra seca; não tinha formosura nem beleza; e quando olhávamos para ele, nenhuma beleza víamos, para que o desejássemos. Era desprezado, e rejeitado dos homens; homem de dores, e experimentado nos sofrimentos; e, como um de quem os homens escondiam o rosto, era desprezado, e não fizemos dele caso algum. Verdadeiramente ele tomou sobre si as nossas enfermidades, e carregou consigo as nossas dores; e nós o reputávamos por aflito, ferido de Deus, e oprimido. Mas ele foi ferido por causa das nossas transgressões, e esmagado por causa das nossas iniquidades; o castigo que nos traz a paz estava sobre ele, e pelas suas pisaduras fomos sarados. Todos nós andávamos desgarrados como ovelhas, cada um se desviava pelo seu caminho; mas o Senhor fez cair sobre ele a iniquidade de todos nós. Ele foi oprimido e afligido, mas não abriu a boca; como um cordeiro que é levado ao matadouro, e como a ovelha que é muda perante os seus tosquiadores, assim ele não abriu a boca" (Isaias 53.1-7).

Quando pensamos nos infortúnios que vivenciamos e experimentamos; quando sentimos aflição na alma por causa dos sonhos que não se realizaram, embora nos parecesse inevitável sua concretização; quando nos sentíamos sem nenhuma esperança ao perceber quem de fato éramos sem o Espírito de Cristo em nós e por nós (e entendemos que tudo isso nos é consequência do pecado), concluímos que Deus jamais experimentaria essas sensações se não houvesse nos criado e nos amado como amou antes da fundação do mundo, pois não pode Deus por sua perfeição e santidade experimentar tais sentimentos por serem os mesmos frutos da transgressão de sua própria lei. Nós somos os transgressores, e não Deus! Deus jamais peca! Se porventura Deus pecasse, somente pecaria contra Ele mesmo, pois ninguém lhe é igual, muito menos superior, para que Ele possa tomar conselho ou prestar obediência. Como então pecaria contra Si mesmo? Deus jamais teria como sentir nossas dores e nossas angústias se realmente não se tornasse um de nós. E tornou-se um de nós única e exclusivamente por uma decisão pessoal e amorosa.

Deus se fez homem em limitação humana para nos proporcionar irrefutável prova de Seu imensurável amor. Deus nunca foi homem antes de Jesus Cristo e exatamente por esta verdade Ele não pode pecar e nem tem como pecar, não tem como transgredir nenhuma lei, pois, nenhuma existe que não esteja subjugada a Ele. No conselho da Trindade, na elaboração de todas as coisas, o amor de Deus por nós projetou e iniciou todo esse processo onde miraculosamente, a seu tempo, Ele se faria homem para então nos revelar seu amor, experimentando unicamente por nós todas as consequências do pecado. Por não ter pecado em tempo algum, ainda que tentado em todas as coisas, Cristo soube o que sabemos ser resultado do pecado sem ser devedor. Cristo fez tudo isso para revelar-nos a extensão de seu amor. Essa visão da atitude de Deus, em que experimenta tudo o que Ele jamais experimentaria se não houvesse resolvido nos amar, é também para fundamentar nossa fé e transformar nossa concepção acerca do que é ser filho de Deus.

Jesus se fez homem e o foi cem por cento. Como o primeiro Adão Cristo, foi tentado e havia possibilidades de pecar, mas não pecou por estar em perfeita sintonia com o trono do Pai, embora não *"tenha julgado como usurpação o ser igual a Deus e passar por toda humilhação que passou, a ponto de então ser cravado numa cruz", e ser tomado como "maldito de Deus". "Cristo nos resgatou da maldição da lei, fazendo-se maldição por nós; porque está escrito: Maldito todo aquele que for pendurado no madeiro"; "Tende em vós aquele sentimento que houve também em Cristo Jesus, o qual, subsistindo em forma de Deus, não considerou o ser igual a Deus coisa a que se devia aferrar, mas esvaziou-se a si mesmo, tomando a forma de servo, tornando-se semelhante aos homens; e, achado na forma de homem, humilhou-se a si mesmo, tornando-se obediente até a morte, e morte de cruz"* (Filipenses 2.5-8).

Certamente que os sentimentos que infortunam nossa existência nesse segundo momento de nossa eterna constituição, não fora nenhuma surpresa para Deus quanto a compreendê-los, uma vez que Deus é onisciente; porém experimentá-los, somente se tornou possível por ter Deus, em sua perfeita justiça estabelecido que somente o seu sangue pudesse aplacar Sua ira contra todo o pecado. Deus estabeleceu a ordem de como seria possível redimir os eleitos que Ele escolhera para a salvação antes da fundação do mundo, quando prometeu o Cristo no momento da queda do homem, ocorrida no Éden. No entanto, não nos esqueçamos que o homem criado por Deus foi responsabilizado por sua decisão, tomada em plena consciência de que estava desobedecendo ao Criador. O homem não foi induzido ao erro por uma ação determinante de Deus, mas com suas próprias faculdades deliberou por quebrar o pacto estabelecido pelo Próprio Deus com o homem, quando definiu como regra para a permanência intacta do homem o não comer do fruto da árvore do conhecimento do bem e do mal. Deus não foi negativamente surpreendido com a ação do homem, nem mesmo foi o Senhor que deliberou que o homem pecasse, sem que lhe houvesse opção. No entanto, sabemos que esse foi o plano perfeito de Deus, pois foi assim que Deus resolveu manifestar seu amor para com os pecadores. Assim também é que o homem tem a oportunidade de conhecer a graça de Deus.

Aqui nos permitimos dar mais um gigantesco passo na compreensão do melhor de Deus reservado a nós, relembrando nossa afirmativa inicial de que o Seu plano é perfeito. Deus elaborou tudo de tal modo que até mesmo o sentir nossas dores, aflições (não como uma necessidade de seu ser, mas pela grandiosidade de seu amor, e pela necessidade que se implantou em nós) é, no mínimo, motivo de nossa total gratidão a Ele.

Deus sempre nos revelou o seu melhor para nós, quando nos fez perceber claramente que somos chamados a uma vida íntima com Ele. Esse é o melhor de Deus para os seus eleitos, porque essa intimidade perdurará por toda a eternidade, de modo que ela crescerá ininterruptamente. O melhor de Deus para nós se revela na graça que nos permite conhecer os segredos de Deus por buscarmos intimidade com Ele.

A melhor ação de Deus em nosso favor consiste em que nos salve e nos faça ser-lhe íntimo. Em não havendo intimidade com Deus, podemos ter a indubitável certeza que nenhum homem pode afirmar diante de Deus a sua salvação, mesmo que o faça diante dos homens e até mesmo diante do inferno.

"Porque desde a eternidade não se ouviu, nem com ouvidos se percebeu, nem com os olhos se viu Deus além de ti, que trabalha para aqueles que nele espera" (Isaias 64.4).

Diante de tão grande e graciosa revelação de Deus, encontramos razões mais que suficientes para que não nos deixemos ser tragados pelo mundo e suas paixões. O caminho para tal é abnegação do nosso eu, é o negar-se a si mesmo, é a vereda da santificação de nosso ser. Nesse processo podemos compreender um pouco mais sobre o maior querer de Deus em relacionar-se conosco, pois que a santificação, que é o caminho de nosso relacionamento com Deus nesta vida, se dá pela verdade de que tudo depende de Deus, ao mesmo tempo em que temos a "verídica compreensão" de que tudo depende do homem. É um processo em que Deus participa conosco, nos provendo meios pelos quais nos aproximamos d'Ele e recebemos capacitação pelo Espírito de Deus, para então nos voltarmos continuamente a Ele. Por outro lado a utilização desses meios está ligada à nossa prontidão em buscá-los e fazer dos mesmos nossos instrumentos para permanecermos na presença de Deus: *"Procura apresentar-te a Deus aprovado, como obreiro que não tem do que se envergonhar e que maneja bem a Palavra da verdade"* (2 Timóteo 2.15).

Para que haja santificação, Deus toma a iniciativa em nosso favor e espera que ajamos responsavelmente, cumprindo nossa parte no processo. Participamos alcançando uma renovação progressiva e continuada na nossa relação com Ele. O cristão que sou hoje precisa ser melhor amanhã, como fruto de minha crescente relação com Deus. Precisamos ser melhores servos hoje do que fomos ontem. Inevitavelmente, amanhã tenho que ter crescido em minha intimidade com Deus, a fim de que a "luz brilhe por meio de meus atos" e o nome de Deus seja glorificado: *"Vós sois o sal da terra; mas se o sal se tornar insípido, com que se há de restaurar-lhe o sabor? Para nada mais presta, senão para ser lançado fora, e ser pisado pelos homens. Vós sois a luz do mundo. Não se pode esconder uma cidade situada sobre um monte; nem os que acendem uma candeia a colocam debaixo do alqueire, mas no velador, e assim ilumina a todos que estão na casa. Assim resplandeça a vossa luz diante dos homens, para que vejam as vossas boas obras, e glorifiquem a vosso Pai, que está nos céus"* (Mateus 5.13-16).

O processo de santificação é que nos proporciona melhor compreensão acerca da necessidade de não cedermos às paixões do mundo e da carência de que haja transformação de nossa mente, para que não caiamos no pecado da conformidade com o século presente: *"Rogo-vos pois, irmãos, pela compaixão de Deus, que apresenteis os vossos corpos como um sacrifício vivo, santo e agradável a Deus, que é o vosso culto racional. E não vos conformeis a este mundo, mas transformai-vos pela renovação da vossa mente, para que experimenteis qual seja a boa, agradável, e perfeita vontade de Deus"* (Romanos 12.1-2). Sabemos que esta conformidade com o mundo está relacionada ao perigo de nos moldar aos padrões ético-morais, aos conceitos filosóficos humanistas e antropocêntricos de nosso tempo; ao perigo de nos apaixonar pelas vãs doutrinas que causam coceiras em nossos ouvidos por seus enganosos encantos: *"Porque virá tempo em que não suportarão a sã doutrina; mas, tendo grande desejo de ouvir coisas agradáveis, ajuntarão para si mestres segundo os seus próprios desejos, e não só desviarão os ouvidos da verdade, mas se voltarão às fábulas"* (2 Timóteo 4.3), sendo estes facilmente assimilados por nossa natureza pecaminosa. Mesmo como novas criaturas que somos, pois estamos em Cristo: *"Pelo que, se alguém está em Cristo, nova criatura é; as coisas velhas já passaram; eis que tudo se fez novo"* (2 Coríntios 5.17), não pensemos que vencemos completa e definitivamente a pecamionosa herença adâmica enquanto estamos neste mundo.

Compreendemos a verdade de que a santificação consiste em que mortifiquemos o velho homem dia após dia, já que não nos é possível fazê-lo em uma única e letal oportunidade. Despojamo-nos do velho homem a cada passo, a cada novo dia e a cada nova oportunidade de estreitar nossa comunhão com o Espírito Santo. Quanto mais próximos do Pai, mais aptos à aniquilação do velho homem nos tornamos. Isto é santificação. Isto é relacionamento com Deus. A cada novo propósito estabelecido como expectativa de *"crescer na graça e no conhecimento do Senhor Jesus"* (2 Pedro 3.18) podemos nos santificar mais ao Senhor. A santificação insiste em que também façamos crescer em nós o novo homem criado em Jesus Cristo, a partir de nossa rendição a Ele como nosso único e suficiente Salvador. Assim, enquanto mortificamos a velha natureza, inevitavelmente expressamos **"novidade de vida"** por causa do novo homem que em nós é aperfeiçoado: *"De sorte que fomos sepultados com ele pelo batismo na morte; para que, como Cristo foi ressuscitado dentre os mortos, pela glória do Pai, assim andemos nós também em novidade de vida"* (Romanos 6:4). Mudamos todos os nossos comportamentos, todas as nossas atitudes, em decorrência da experiência preciosa que foi nossa conversão para a salvação, pela graça em Jesus Cristo. Não mudamos nossos hábitos como que adotássemos um novo padrão de vida por entendê-lo como uma nova ou paliativa alternativa para uma determinada época da nossa vida, mas nos transformamos e nos deixamos ser transformados de "glória em glória": *"Mas todos nós, com rosto descoberto, refletindo como um espelho a glória do Senhor, somos transformados de glória em glória na mesma imagem, como pelo Espírito do Senhor"* (2 Coríntios 3.18), para a glória de Deus e pela ação de Deus em nos proporcionar forças para aniquilarmos gradativamente o pecado. Deus já nos outorga, no ato da conversão, a libertação do domínio do pecado, bem como nos isenta da condenação que pesava sobre nós por causa do mesmo: *"Pois o pecado não terá domínio sobre vós, porquanto não estais debaixo da lei, mas debaixo da graça". "Portanto, agora nenhuma condenação há para os que estão em Cristo Jesus"* (Romanos 6.14 e 8.1). Deus nos capacita à fé para a salvação, que é um dom exclusivo de Sua administração: *"Porque pela graça sois salvos, por meio da fé; e isto não vem de vós, é dom de Deus; não vem das obras, para que ninguém se glorie. Porque somos feitura sua, criados em Cristo Jesus para boas obras, as quais Deus antes preparou para que andássemos nelas"* (Efésios 2.8-10). Mudamos nossa conduta, nossos anseios, pensamentos e atos, como exercício de gratidão a Deus pela iluminação que Ele nos trouxe sobre todo o processo de redenção dos eleitos de Deus. Assim entendemos perfeitamente o que é a graça de Deus. Apercebemo-nos de quão maravilhosa é a Sua graça.

Oferecemos resistência ao Diabo por nos submetermos à poderosa mão de Deus, e essa submissão é que nos vai santificando mais e mais: *"Donde vêm as guerras e contendas entre vós? Porventura não vêm disto, dos vossos deleites, que nos vossos membros guerreiam? Cobiçais e nada tendes; logo matais. Invejais, e não podeis alcançar; logo combateis e fazeis guerras. Nada tendes, porque não pedis. Pedis e não recebeis, porque pedis mal, para o gastardes em vossos deleites. Infiéis, não sabeis que a amizade do mundo é inimizade contra Deus? Portanto qualquer que quiser ser amigo do mundo constitui-se inimigo de Deus. Ou pensais que em vão diz a escritura: O Espírito que ele fez habitar em nós anseia por nós até o ciúme? Todavia, dá maior graça. Portanto diz: Deus resiste aos soberbos; dá, porém, graça aos humildes.* ***Sujeitai-vos, pois, a Deus****; mas resisti ao Diabo, e ele fugirá de vós.* ***Chegai-vos para Deus, e ele se chegará para vós****. Limpai as mãos, pecadores; e, vós de espírito vacilante, purificai os corações. Senti as vossas misérias, lamentai e chorai; torne-se o vosso riso em pranto, e a vossa alegria em tristeza. Humilhai-vos perante o Senhor, e ele vos exaltará"* (Tiago 4.1-10).

Submissos à vontade de Deus mortificamos nossa natureza caída, entregue às paixões do mundo, subjugada à concupiscência dos olhos e da carne. Em Deus somos capacitados à santificação, e por isso observamos nesse processo a preciosidade de poder nos relacionar com Ele; dádiva preciosa de ser íntimo de Deus. A santificação é o caminho pelo qual estreitamos nossa convivência com Jesus Cristo, nosso Senhor, Redentor e Deus. Daí a advertência Bíblica à santificação, pois sem a qual ninguém verá o Senhor: *"Segui a paz com todos, e a santificação, sem a qual ninguém verá o Senhor"* (Hebreus 14.12). Na santificação somos capacitados a nos distanciar do mundo, enquanto não é possível nos isentar dele: *"Não rogo que os tires do mundo, mas que os guardes do Maligno. Eles não são do mundo, assim como eu não sou do mundo. Santifica-os na verdade, a tua palavra é a verdade. Assim como tu me enviaste ao mundo, também eu os enviarei ao mundo. E por eles eu me santifico, para que também eles sejam santificados na verdade"* (João 17.15-19). Certamente vencemos o mundo em cumprimento da petição de Jesus ao Pai por nós, quando Ele mesmo rogou para que não fôssemos tirados do mundo, mas santificados e fortalecidos a não nos enveredarmos, não nos apaixonarmos pelos seus caminhos: *"Não ameis o mundo, nem o que há no mundo. Se alguém ama o mundo, o amor do Pai não está nele. Porque tudo o que há no mundo, a concupiscência da carne, a concupiscência dos olhos e a soberba da vida, não vem do Pai, mas sim do mundo. Ora, o mundo passa, e a sua concupiscência; mas aquele que faz a vontade de Deus, permanece para sempre"* (1 João 2.15-17). Somos habilitados a confrontar o mundo enquanto nos separamos para Deus, em plena consciência de que o fazemos pelo reconhecimento do amor com que Ele nos tem amado, a ponto de nos tornar seus filhos: *"Vede que grande amor nos tem concedido o Pai: que fôssemos chamados filhos de Deus; e nós o somos. Por isso o mundo não nos conhece; porque não conheceu a ele. Amados, agora somos filhos de Deus, e ainda não é manifesto o que havemos de ser. Mas sabemos que, quando ele se manifestar, seremos semelhantes a ele; porque assim como é, o veremos. E todo o que nele tem esta esperança, purifica-se a si mesmo, assim como ele é puro. Todo aquele que vive habitualmente no pecado também vive na rebeldia, pois o pecado é rebeldia. E bem sabeis que ele se manifestou para tirar os pecados; e nele não há pecado. Todo o que permanece nele não vive pecando; todo o que vive pecando não o viu nem o conhece"* (1 João 3.1-6). Executamos a vontade de Deus quando nos separamos para Ele, e isso faz com que prevaleçamos contra o domínio do pecado.

Em nossos atuais dias temos nos esquecido de que a santificação é o processo pelo qual melhor nos relacionamos com Deus. Temos tido pouca preocupação e pouco zelo para esse melhor de Deus a nós, deixando que nossa intimidade com o Senhor não corresponda a uma vida de maiores realizações em Seu nome e para Sua glória. Isto ocorre por vários motivos e decisões do nosso dia a dia. Muitas vezes nos vemos tão atarefados por causa da correria pelos muitos afazeres, que nos prendemos aos hábitos cotidianos existenciais da sociedade: trabalho; escola; casa e, quando surgir uma oportunidade, a igreja. Todos precisam se auto-afirmar profissionalmente e assim, muito se exige acerca do desenvolvimento intelectual como fundamento para encaixar-se no mercado de trabalho. As necessidades então se tornam cada dia maiores, em virtude de que a gama de informações se avolumam com o decurso dos anos acumulados de nossa história. Os meios de comunicação são muitos e mais rápidos por causa da evolução tecnológica; assim, a preparação para suportar as disputas do mundo profissional está cada vez mais acirrada, o que tem acarretado maior necessidade de tempo para capacitação dos homens e especialmente nossos filhos jovens e adolescentes. Nesse contexto, santificar-se ao Senhor, dedicando-lhe maior e melhor tempo, tem se tornado algo superficial e raso, quase sem sentido. Muitos definem santificar como o simples fato de tornar-se membro comungante da igreja, sem entender o significado como "Corpo de Cristo". Esses se envolvem com o culto de domingo à noite e se tornam até dizimistas regulares, mas não se aprofundam no relacionamento com "o cabeça" da Igreja. Para muitos hoje, Jesus Cristo é um cara legal; é o solucionador de todos os nossos problemas; é o Tudo pra mim, sem uma definição correta do que é "o tudo". Não há preocupação em saber o que Jesus requer de nós, e os poucos que têm convicção do querer de Jesus para sua vida, não estão prontos a dedicar-Lhe o melhor tempo; daí a superficialidade das relações com o Senhor. O mundo já absorveu tanto de nosso tempo que não mais nos é possível priorizar nosso relacionamento com Deus. O melhor de Deus se esvai...

Muitos estão sempre apaixonados com a verdade Bíblica *"orai cem cessar"* (1 Tessalonicenses 5.17) e, especialmente por entender que tal verdade se aplica perfeita e ajustadamente aos nossos dias, fazem do sem cessar uma razão para que em todo tempo disponível haja lembrança de Deus, e assim se estabelece um diálogo, "rapidinho" com Ele: quando dirigindo; minutos antes de prestar o vestibular; no intervalo para o cafezinho no trabalho. Claro que não há erro algum em tudo isso; buscar e firmar nosso relacionamento com Deus, aproveitando todas as oportunidades não é pecado; mas indiscutivelmente isso se torna perigoso quando somente assim o fazemos. Certamente que esse não é o caminho que nos santifica, não nos habilita a uma vida mais próxima de Deus, não nos capacita ao exercício da vida cristã autêntica.

No processo da santificação de nosso ser, caminharemos progressivamente diante de Deus. Essa progressão, ou esse crescimento, nos proporcionará a valorização correta dos ensinos fundamentais de Deus a nós. E, dentre esses, destacamos o ensino da providência Divina. Esse é tão importante, belo e necessário aos homens, como é a doutrina da salvação. Afirmamos isso pelo fato de entender que todo aquele que tem a experiência da salvação, inevitavelmente compreende e valoriza o governo de Deus sobre tudo e todos, como uma ação que coopera para o bem dos seus filhos. É a segurança que os chamados de Deus têm acerca do cuidado de Deus para com os que lhe são chegados: *"E sabemos que todas as coisas concorrem para o bem daqueles que amam a Deus, daqueles que são chamados segundo o seu propósito"* (Romanos 8.28). A santificação nos faz experimentar a providência Divina de forma que não nos vemos escravos das necessidades que a existência nesse efêmero planeta nos proporciona. Responsavelmente cumprimos com nossos compromissos, e especialmente como servos de Deus, mas sem deixar que nossa dedicação e aproximação ao Senhor seja secundária. Isso ocorre a todo que busca o Senhor; a todo o que se consagra a Deus pelo exercício da gratidão e reconhecimento do quanto é precioso o amor que Ele tem por nós. Mesmo quando essa dedicação lhe acarrete incompreensões no mundo presente, quem compreende a verdade da eternidade jamais abre mão de priorizar o relacionamento com Deus. Ainda sabendo que a busca pela presença e aprovação de Deus cesse a satisfação das paixões da carne, dos prazeres que a simples sobrevivência nesse mundo possa trazer-lhe, quem experimenta a genuína salvação em Jesus Cristo, não abre mão de ser e ter mais e mais de Cristo.

Crer e experimentar corretamente a providência de Deus, promulga-nos compreensão de que o contentamento que carecemos para dar continuidade à nossa caminhada nessa vida está em Deus. Assim, nossa relação com Deus fica muito melhor e nos promove satisfação plena, de forma que nos sentimos realizados, mesmo quando ainda experimentemos perdas, dores e lutas. Isto se dá pela absorção da verdade acerca da eternidade que nos está reservada em Cristo Jesus. Entender a providência nos proporciona alegria indizível, pois nos coloca no centro da vontade de Deus em todo tempo e intento. Esse entendimento no habilita a estar mais próximo, como simultaneamente impulsiona a não nos distanciar do Pai.

Nossa necessidade de Deus se torna mais intensa e prazerosa quando descobrimos o valor da ação providencial de Deus em nosso favor. O serviço que prestamos ao Senhor Jesus Cristo como fruto da compreensão desse ensino, nos promove alegria em servi-Lo. Consequentemente somos capacitados a todas as conquistas necessárias para nossa melhor passagem neste mundo; abre-nos portas para alcançarmos o melhor de Deus para nossas vidas, e isso jamais nos deixará ser escravo das paixões desta vida outra vez.

Nossa priorização da vontade de Deus, e mais exclusivamente o próprio Deus, nos proporcionará alcançar os melhores espaços, e nos veremos realizados plenamente em todo tempo. No exercício da santificação é que temos oportunidade de estar mais juntos do Senhor, e certamente isso nos faz muito bem, pois nesse relacionamento obteremos o melhor de Deus para nós.

A realização profissional; a bem sucedida vida física; a conquista de um futuro seguro jamais faltará àquele que busca e prioriza corretamente um relacionamento correto com Jesus Cristo. Daniel e seus amigos nos são exemplos clássicos desta absoluta e irrefutável verdade. José do Egito nos serve muito bem como referencial para o exercício de nossa fé em Deus. Esta verdade tem sido ignorada nos nossos dias, onde percebemos que os jovens são preparados por seus pais para as melhores conquistas e mais promissoras carreiras, numa incansável busca pelo saber, na esperança de se ter; no entanto, a busca pela sabedoria de Deus, que consiste em inicialmente aprender sobre o temor que lhe é devido, tem sido, na maioria dos lares chamados cristãos evangélicos, ensinada unicamente como uma participação aos cultos de domingos e, para muitos hoje, uma participação exagerada e sufocante, quando se dá em duas etapas por meio da Escola Bíblica Dominical e culto de adoração. Muitos pais hoje são mestres dessa inverdade, onde seus filhos estão por seu exemplo, aprendendo que vida com Deus é somente isso. Segunda a sexta, atividades que assegurem a sobrevivência, aos sábados um dia de lazer e compras e, aos domingos, uma participação no culto e na EBD, se houver possibilidade e disposição para esses dois encontros. Em não havendo, um só "tá bom demais"!!!

A santificação não é um processo inquietante e angustiante, embora ocorra sempre em meio a provas e lutas. Buscar a Deus incessante e fervorosamente não nos torna alguém alienado ao mundo em que vivemos. Não nos priva de alguns prazeres (não pecaminosos), que essa vida nos proporciona: a satisfação de conquistar espaço na vida profissional, a alegria de comprar a casa própria e mobiliá-la com os mais belos móveis, o contentamento de comprar o carro novo, ou ainda que usado. Nada disso se constitui em pecado e não está fora das paixões dessa vida. São prazeres que Deus nos permite satisfazer intensa e confortavelmente quando então O buscamos, quando nos dispomos a ser servos obedientes e gratos por servi-Lo, quando confiamos n'Ele como o único que sabe o que é melhor para nós em todo tempo e circunstância. Existem muitas outras maneiras de alcançar alegria neste mundo, que são lícitas ao servo do Senhor Jesus Cristo, e a santificação não nos priva de desfrutar das coisas boas que Deus tem guardado para seus filhos também nesse mundo: *"Se quiserdes e me ouvirdes; comereis o melhor desta terra"*(Isaias 1.19). Ser santo não nos priva de ter amigos que não professam a mesma fé em Cristo Jesus como nós. Não nos priva de até mesmo acompanhá-los em alguns acontecimentos sociais. Não nos impede de também nos alegrarmos com eles em momentos festivos de suas existências. Ao contrário, é a santificação que nos capacita a expressar-lhes a nossa liberdade de poder dizer não e sim, tendo discernimento do que nos é lícito ou não, sem que percamos a satisfação de estar bem com Deus: *"Todas as coisas me são lícitas, mas nem todas as coisas convêm. Todas as coisas me são lícitas; mas eu não me deixarei dominar por nenhuma delas. Os alimentos são para o estômago e o estômago para os alimentos; Deus, porém aniquilará, tanto um como os outros. Mas o corpo não é para a prostituição, mas para o Senhor, e o Senhor para o corpo. Ora, Deus não somente ressuscitou ao Senhor, mas também nos ressuscitará a nós pelo seu poder. Não sabeis vós que os vossos corpos são membros de Cristo? Tomarei pois os membros de Cristo, e os farei membros de uma meretriz? De modo nenhum. Ou não sabeis que o que se une à meretriz, faz-se um corpo com ela? Porque, como foi dito, os dois serão uma só carne. Mas, o que se une ao Senhor é um só espírito com ele. Fugi da prostituição. Qualquer outro pecado que o homem comete, é fora do corpo; mas o que se prostitui peca contra o seu próprio corpo. Ou não sabeis que o vosso corpo é santuário do Espírito Santo, que habita em vós, o qual possuís da parte de Deus, e que não sois de vós mesmos? Porque fostes comprados por preço; glorificai pois a Deus no vosso corpo"* (1 Coríntios 6.12-20).

A santificação nos habilita a fazer a grande diferença em todo contexto social que nos insiramos. Podemos por meio da santificação apresentar ao mundo a gritante diferença entre o trigo e o joio. O que não podemos esquecer é que isso somente nos é possível como fruto de nosso relacionamento com Deus. Diante dos homens nos revelamos como é nosso relacionamento com o Senhor Jesus; vivenciando nossa fé e diferença. Seremos diferentes e sábios à medida que nosso relacionamento com Deus estiver aprofundado, ou seremos superficiais e falhos, insensatos e volúveis, se caminhamos à distância com Deus; o que nem mesmo é possível!

Todos os nossos projetos poderão ser executados enquanto os tivermos submetendo ao Senhor. Nossa relação com o Senhor Jesus Cristo vai determinar se seremos bem ou mal sucedidos em tudo o que fizermos. Jeová sempre será o Deus Provedor, mas nem todos hão de conhecê-lo assim, por não buscar intimidade relacional e prioritária com o Eterno, como Ele exige que seja, se almejamos alcançar sua bênção.

Que ouçamos de Deus e não tanto sobre Deus

Nosso maior desafio nesses dias atuais não é saber como ouvir de Deus, pois muito se fala sobre O Mesmo. Não são poucos os pregadores e palestrantes acerca de Deus. Muitos são os recursos disponíveis em nossos tempos, para que ouçamos acerca de Deus. Vivemos um tempo de acentuada facilidade para se ouvir sobre Deus em nosso país. Mesmo diante desta irrefutável verdade, nosso desafio não está em saber tanto sobre Ele, mas especialmente em ouvir o Próprio Deus, em resultado de uma experiência de intimidade com Ele.

Na realidade pós-moderna somos motivados a não nos preocuparmos em ouvir Deus, embora estejamos impulsionados a ouvir tanto sobre Ele. Somos motivados a ouvir sobre Deus na expectativa de que quando d'Ele precisar, saibamos onde encontrá-Lo pelas muitas portas abertas.

Quando não tivermos tempo para ouvir o Senhor, como consequência de um momento dedicado diariamente a Ele; quando não mais nos for possível meditar em Sua Palavra, na plena convicção de que somos carentes dela; quando o tempo para falar com Deus se torna escasso e raso, alcançamos o tempo em que a vida não vale mais a pena ser vivida. Esses são os nossos dias, e talvez a maioria dos cristãos evangélicos não tenha percebido isto, e esse é nosso maior mal. Não pensemos que isto não acontece com os convertidos. Que pela beleza da conversão estamos impunes de tal situação em que nos distanciemos de Deus. Devemos nos cuidar; arrepender-nos todos os dias de nossos males e confessar a Deus nossa negligência. Mas não apenas reconhecer e confessar nosso erro; é imprescindível que tomemos a atitude de mudar a direção, e então buscar com todo afinco um melhor relacionamento com o Pai. Haveremos de perceber que nos distanciamos do primeiro amor e somente nos resta esta volta, se quisermos então desfrutar do melhor de Deus para nossas vidas.

O imediatismo tem nos escravizado a mente e consequentemente nossas ações, de forma a considerarmos a importância Divina em nossa existência, mas sem tratarmos do cultivo de um relacionamento próximo e aprimorado com Deus. Esperamos que Ele haja com brevidade e, de preferência imediatamente às nossas consultas e solicitações. Estamos tão ocupados em ser bons cristãos buscando as bênçãos de Deus em nosso dia a dia, que O condicionamos aos serviços mais modernos, que se definem pela objetividade nas conversas e rapidez nas soluções. Obviamente que nos prejudicamos muitíssimo com a absorção, ainda que inconsciente e involuntariamente, desta realidade. Via de regra combatemos tais relacionamentos e, muitas vezes, nos indignamos com os que assim agem, sem nos importar com nosso próprio erro de assim também agirmos com Deus. Esperamos até mesmo que

Jesus compreenda tudo isso, afinal os dias são diferentes, são corridos e Deus sabe das nossas dificuldades para a sobrevivência. Ele foi quem nos advertiu que os dias seriam maus...

Por falta de intimidade com Deus, temos visto o florescer das muitas heresias que enganam os incultos e ignorantes espirituais, que arrastam multidões para satisfazer os caprichos de charlatões e enganadores. Os que estão desprovidos de entendimento acerca de Deus e reconhecem ser carentes de Deus, estão sendo arrastados para falsos evangelhos, exatamente porque estão desejosos de ouvi-lo, diante dos anseios de seus corações. Contudo não há verdadeiro interesse em ouvir Deus.

Certamente que somos culpados das muitas oportunidades de engano, dada aos falsos profetas. Isso pelo fato de que nós mesmos temos deixado nossos ouvidos ouvir muito sobre Deus, mas não temos tido cuidado e nem tempo para ouvi-lo falar a nós. Não temos como buscar compreensão da Palavra que não temos lido, embora a tenhamos em variadas versões e em múltiplos modelos para satisfazer o desejo de todos.

Insistimos um pouco mais neste diálogo, na compreensão de que não argumentamos contra o ouvir a boa pregação da Palavra, pois ouvir a fidedigna exposição da Palavra é imprescindível a todo homem. Nossa preocupação é que todo cristão precisa, além de suas experiências ao ouvir a pregação bíblica, ter sua pregação a proclamar como resultado do ouvir Deus falar-lhe por meio de sua vida devocional também. Crente que não possui essa experiência está atrofiado espiritualmente.

Ainda pensando no melhor de Deus para nós, observamos não ser pequeno o número dos cristãos que estão preocupados em ouvir sobre Deus, pois O buscam pela compreensão de que suas promessas são maravilhosas e necessárias à sua sobrevivência. Estes estão interessados em Deus enquanto entendem ser possível tê-lo para abençoar seus projetos e ignorar suas mazelas, tornando-os prósperos, fazendo-os ser bem sucedidos enquanto estão labutando pela sobrevivência e realização de seus sonhos, sem se importarem a qualquer momento com os sonhos de Deus. Muitos são os cristãos de nossa nação hoje que não têm conhecimento da verdade dos sonhos de Deus para sua vida; e a grande maioria desses cristãos não se importa com isso, até mesmo por não haver sincero desejo de envolver-se com o Senhor Jesus Cristo.

Nosso país tem divulgado a ocorrência de grande avivamento espiritual nas últimas três décadas. Crescimento das denominações, surgimento de muitos ministérios e especialmente surgimentos das chamadas comunidades evangélicas, como resultado desse citado fenômeno. Porém lamentamos a constatação de que tal aclive da igreja evangélica brasileira não tem proporcionado mudanças na mesma proporção na sociedade brasileira. Temos visto muitos buscando os templos onde se fala de Deus, e fala-se muito do que Ele pode fazer ao homem; tem havido uma avalanche de pregações e ensinos voltados para o poder de Deus em fazer tudo quanto os homens desejam que Ele faça. Infelizmente não se dá a mesma importância no deixar Deus falar sobre o que Ele quer que façamos a Ele, para nosso bem. O que temos presenciado de forma acentuada, não generalizada, é uma busca por um cristianismo da ética utilitária, uma busca de Deus enquanto Ele puder servir aos anseios dos corações aflitos e aprisionados pelas **paixões** do mundo; diferentemente de buscar a Deus pela concepção do quão letal é o pecado para os homens.

Multidões se arrastam novamente ao encontro do multiplicador de pães e peixes, enquanto o Mesmo os chama ao relacionamento intimo e responsável para o louvor da glória d'Ele, a despeito das muitas oportunidades de sermos por Ele agraciado. Esse acontecimento não é o primeiro na história do cristianismo. As multidões sempre fizeram assim: *"Por causa disso muitos dos seus discípulos voltaram para trás e não andaram mais com ele. Perguntou então Jesus aos doze: Quereis vós também retirar-vos?"* (João 6.66-67).

Não são poucos os homens intitulados evangélicos de nossa nação que descobriram um "segredo" de Deus sem ao menos expressar temor a Ele. Esses são "senhores" de Deus, pelo menos como se fossem, pois até mesmo lhe estabelece uma agenda programada para seus milagres e curas prodigiosas. Determinam dia e hora que o Espírito vai operar "prodígios e sinais". Muitos revelam inclusive o método e por qual meio Deus agirá. Apresentam objetos e peças as mais absurdas e grotescas pelas quais o poder de Deus será alcançado.

Certamente que Deus continua sendo o mesmo Deus de ontem e o será para sempre: *"Jesus Cristo, ontem e hoje, é o mesmo e o será para sempre"* (Hebreus 13.8). Em Deus não existe variação alguma; Ele é imutável! Portanto, pode realizar milagres extraordinários em qualquer época que lhe for aprazível fazê-lo. Somente precisamos lembrar que Deus não está condicionado a nenhum outro poder para determinar o Seu tempo de agir e de fazer prodígios e sinais. O tempo de milagres de Deus é determinado por Ele, realizando e não realizando conforme seu propósito. Homem nenhum pode agendar o trabalho de Deus, determinando-lhe o tempo de agir em função dos homens.

A superficialidade de relacionamento com Deus tem levado o seu povo na era presente a ouvir muito sobre Deus, sem se importar em ouvir (ainda que pouco) diretamente a Deus. Não se dedica tempo para ouvir o Senhor falar à mente e ao coração no exercício da vida devocional; sendo este um excelente método para desenvolver nossa intimidade com Deus. O que temos feito é ignorar essa prática, suprindo-a pela correria de nossos dias. Cultivamos uma fé rasa, que não nos tem permitido dedicar tempo para ouvir o Senhor através d'Ele mesmo, meditando em Sua Palavra e aguardando o entendimento que nos é proporcionado pelo Poder do Espírito Santo...

Em nossos atuais dias, em que se fala com facilidade sobre Deus, temos a impressão de que falamos pouco com Deus. E, se formos sinceros, não precisaremos nos gladiar sobre a afirmativa, basta comparar a história dos avivamentos cristãos e veremos que os resultados de todos os que ocorreram segundo a visitação de Deus, foram inicialmente provocados pela consciência do pecado, e sempre causaram transformações sociais impactantes, sem escândalos financeiros, como temos visto em nossos dias. Os avivamentos jamais promoveram a glória de denominações e muito menos líderes que se avantajaram com o mover de Deus. As multidões saíram ao encontro de Deus se penitenciando e não buscando satisfação para os anseios de seus corações.

Ouviu-se Deus falar sem agradar os caprichos dos homens. A pregação estava firmada na verdade de que existe somente o céu e o inferno após esta vida. Um clássico exemplo desta verdade é o conhecido sermão "Pecadores Perdidos nas mãos de um Deus irado", pregado por Jonathan Edwards (08 de Julho de 1741 em Enfield, Connecticut – EUA).

Nossos dias tem nos revelado uma necessidade de que nos arrependamos de nosso pecado e clamemos a Deus que fale conosco. Porém, é necessário que nos convertamos do erro da superficialidade de nosso tratamento ao Senhor. Precisamos suplicar a Ele que mova o nosso coração e nos ensine a ouvi-Lo mais do que se fala sobre Ele.

O Trigo e o Joio

A fim de fortalecer os princípios apresentados até aqui, e especialmente no enfoque que temos dado à necessidade de vida íntima e próxima de Deus, para que cumpramos e absorvamos o maior desejo do coração de Deus, que consiste em nosso aprendizado e cultivo de um perfeito relacionamento com Ele, teceremos alguns comentários importantes do texto sobre a parábola do Trigo e do Joio, registrado no Evangelho segundo Mateus, que nos mostra a verdade que Jesus nos revelou, onde poderemos entender a importância de se ser intimo de Deus. Certamente constataremos que ser próximo de Deus nos dará melhor e única oportunidade de fazer valer a diferença entre o Trigo e o Joio.

Ver a Deus é necessário e impossível a todos os homens; a única possibilidade somente acontece por causa da ação do próprio Deus em nós, por meio de seu Espírito Santo. No entanto, devemos lembrar que Deus deseja se revelar aos homens e escolheu a sua igreja a fim de realizar este propósito. Cabe portanto, a esta igreja, ser santa, imaculada e amplamente diferenciada, para que a luz de Cristo se faça resplandecente ao mundo. É por meio da igreja de Cristo que o mundo verá o Senhor, enquanto não se dá a Sua gloriosa volta para a consumação da história: *"Para que agora seja manifestada, por meio da igreja, aos principados e potestades nas regiões celestes, segundo o eterno propósito que fez em Cristo Jesus nosso Senhor"* (Efésios 3.10-11).

Assim, devemos entender um pouco mais sobre os efeitos da santificação de nosso ser, para que possamos entender a verdade de que o Trigo e o Joio, embora estejam no mundo, não podem se associar, pelo menos amigavelmente. Já sabemos que a santificação resulta na criação de um novo espírito no homem pela virtude da morte e ressurreição de Cristo e pela eficácia da Palavra em nós, na unção e iluminação do Espírito Santo de Deus. Paulo nos ensina que a crucificação do velho homem nos liberta da escravidão do pecado, pois o corpo do pecado está sendo destruído, não sendo mais dominado pelo pecado. Esta crucificação promove um enfraquecimento e mortificação das velhas e corrompidas ações que nos faziam ser Joio, ser alienados de Deus: *"porque se viverdes segundo a carne, haveis de morrer; mas, se pelo Espírito mortificardes as obras do corpo, vivereis. Pois todos os que são guiados pelo Espírito de Deus, esses são filhos de Deus"; "E os que são de Cristo Jesus crucificaram a carne com as suas paixões e concupiscências"* (Romanos 8.13,14; Gálatas 5.24). Existe, nesse andamento da mortificação do velho homem, a vivificação e fortalecimento de todas as graças salvadoras em nós que, aplicadas promovem o florescer daquilo que de fato somos, segundo a perspectiva de Deus. Não nos esqueçamos do nosso relacionamento com Deus e o que Ele quer que aprendamos com essa possibilidade graciosa de mantermos comunhão com o Senhor.

Na avaliação que fazemos acerca da diferença entre Trigo e Joio, o ser de Deus ou estar com Deus, precisamos entender que a santificação se aplica a coisas e pessoas colocadas em relação especial a Deus. "Na escritura a ideia de santidade se aplica antes de tudo a Deus. Significa principalmente que Deus é absolutamente distinto da criatura, está exaltado acima, muito acima dela na majestade celestial, e é, pois, o inacessível". Israel tinha os seus lugares santos, tais como Jerusalém e o Templo, suas pessoas santas nos sacerdotes e levitas, e seus ritos santos nos sacrifícios e purificações. Essas pessoas e coisas eram exclusivamente para o serviço de Deus.

Não podemos deixar de compreender que a diferença precisa ser nítida, e bem como a ideia de que Trigo e Joio precisam continuar crescendo juntos, familiarizados, numa convivência normal e aceitável é algo extremamente contrário à palavra de Deus.
No nosso relacionamento com Deus deverá haver continuamente ações que determinem nossa visão sobre a diferença entre o Trigo e o Joio. Sabemos que nossa

intimidade com Deus determinará quem de fato somos e como seremos percebidos pelo mundo. O mesmo nos verá como iguais a ele, ou nos verá como Trigo de Deus. Essa proximidade de Deus, valorizando-a corretamente (o que quer dizer que nosso viver será coerente com a verdade de Deus), nos permitirá não apenas experimentar o melhor de Deus para nós, mas nos dará condições de firmemente proclamar a glória de Deus entre os povos.

Ao nos depararmos com a estrondosa diferença entre Trigo e Joio, compreenderemos que a vontade de Deus é que sejamos próximos d'Ele a fim de nos deliciarmos de Sua gloriosa presença. Estaremos plenamente convictos de que o maior "anseio" do coração de Deus está na verdade de descobrirmos a importância de nosso melhor relacionamento com Ele a cada dia. Deus, não nos esqueçamos, conhece todos quantos serão os salvos e, assim, não se preocupa por salvar os homens eleitos tanto quanto deseja que esses, quando alcançados, aprendam e valorizem devidamente relacionar-se com Ele. Nosso relacionamento com Deus será perpetuado à eternidade.

Ser de Deus e ou estar com Deus

Quem realmente somos?

Já por inúmeras vezes, ouvimos pronunciamentos referentes à Parábola do Trigo e do Joio. Ensinos que marcaram profundamente nossa vida cristã. Pronunciamentos contundentes e edificantes para a igreja de Cristo no decurso de sua milenar história. Contudo, não me lembro de que alguém tenha se referido à mesma, discordando da ideia de vê-los crescendo juntos na Igreja de Deus. Até porque esta é a mais comum interpretação da parábola do Joio e Trigo que temos observado nos púlpitos de nossas igrejas. Vamos ao texto:

"Outra parábola lhes propôs, dizendo: O reino dos céus é semelhante a um homem que semeou boa semente no seu campo; mas, enquanto os homens dormiam, veio o inimigo dele, semeou o joio no meio do trigo, e retirou-se. E, quando a erva cresceu e produziu fruto, apareceu também o joio. Então, vindo os servos do dono da casa, lhe disseram: Senhor, não semeaste boa semente no seu campo? Donde vem, pois, o joio? Ele, porém, lhes respondeu: Um inimigo fez isso. Mas, os servos lhe perguntaram: Queres que vamos e arranquemos o joio? Não! Replicou ele, para que , ao apanhar o joio, não arranqueis com ele também o trigo. Deixai-os crescer juntos até a colheita, e, no tempo da colheita, direi aos ceifeiros: Ajuntai primeiro o joio, atai-os em feixes para ser queimado; mas o trigo, recolhei-o no meu celeiro".

Percebemos nas palavras do Senhor Jesus, explicando a parábola aos discípulos, uma clareza inquestionável quanto ao local de convivência, ou melhor, local de semeadura tanto do Trigo como do Joio. Jesus cita claramente o campo de semeadura como sendo o mundo e não a igreja: *"O **campo é o mundo**, a boa* *semente são os filhos do reino, o joio os filhos do maligno". (Mateus 13.38 – grifo meu).* A compreensão do termo "mundo" nas escrituras em muito nos auxilia na questão. Kosmos (Grego clássico) originalmente tinha dois significados: **1** – uma ordem; um arranjo harmonioso**.** **2** - embelezamento ou ornamentação. Na versão inglesa esta palavra é invariavelmente traduzida por mundo (única exceção: I Pedro 3.3 "adorno - Kosmos"). Quando voltamos dos clássicos para os escritores do Novo Testamento, descobrimos que seus usos da palavra "Kosmos" enquadram-se em três grupos principais. A saber: **1º)** usada com o sentido de UNIVERSO MATERIAL, o mundo todo, esta terra (Atos 17.24; Mateus 13.35; João 1.10; Mc 16.15); **2º)** usada como que para os habitantes do mundo. João 1.10. "O mundo não o conheceu", João 3.16 -... "amou o mundo".... João 12.19; 17.21 e **3º)** usada para assuntos mundanos. Todo círculo de bens, talentos, riquezas, vantagens e prazeres mundanos que embora vazios e transitórios, excitam nossos desejos e nos afastam de Deus, sendo obstáculos à causa de Cristo (I João 2.15; I João 3.17; Mateus 16.16 e I Coríntios 7.31). Ainda se compreende a utilização do termo "Kosmos" para coisas espirituais (abstratas) e morais (I Corintios 2.12; 3.19; 7.31; Tito 2.12; II Pedro 2.20; 4.4; I João 2.16-17)".

Quando nos deparamos com a própria história da igreja, assimilamos a ideia que desde os primórdios tempos de seu nascedouro, a mesma tem essencialmente como base de sua existência a separação ao SENHOR, o temor exclusivo ao Mesmo, que se manifesta pela santificação de cada membro do Corpo de Cristo, a saber, a Igreja. Lembramos ainda a retidão e pureza que se devia ao Senhor pela prática cristã evidenciada dia a dia e, ao percebermos a seriedade de como se deve tratar e viver a igreja de Cristo, no episódio narrado em Atos dos Apóstolos (especificamente na morte de Ananias e Safira, quando tentaram enganar ao Senhor), nos certificamos que a diferença entre o trigo e o joio é que sustenta a verdade de Deus. Observemos: *"Entretanto, certo homem, chamado Ananias, com sua mulher Safira, vendeu uma propriedade, mas, de acordo com sua mulher, reteve parte do preço, e, levando o restante, depositou-o aos pés dos apóstolos. Então lhe disse Pedro: Ananias, porque encheu Satanás teu coração, para que mentisses ao Espírito Santo, reservando parte do valor do campo? Conservando-o, porventura, não seria teu? E, vendido, não estaria em teu poder? Como, pois, assentasse no coração este desígnio? Não mentistes aos homens, mas a Deus. Ouvindo estas palavras, Ananias caiu e expirou, sobrevindo grande temor a todos os ouvintes. Levantando-se os moços, cobriram-lhe o corpo e, levando-o, o sepultaram. Quase três horas depois, entrou a mulher de Ananias, não sabendo o que ocorrera. Então Pedro, dirigindo-se a ela, perguntou-lhe: Dize-me, vendestes por tanto aquela terra? Ela respondeu: Sim, por tanto. Tornou-lhe Pedro: Porque entraste em acordo para tentar o Espírito do Senhor? Eis aí à porta os pés dos que sepultaram o teu marido, e eles também te levarão. No mesmo instante caiu ela aos pés de Pedro e expirou. Entrando os jovens, acharam-na morta e, levando-a, sepultaram-na junto ao marido".* (Atos 5.1-10).

Ao nos depararmos com a narrativa de toda criação por parte de Deus, entenderemos que o Senhor criou o homem para viver em perfeita comunhão com

Ele. Não nos esqueçamos o maior anseio do coração de Deus. Ele criou um habitat perfeito para o homem, que é o clímax de toda a sua criação. A coroação de tudo quanto fez! Certamente que aí está o trigo de Deus. Um homem criado à sua imagem e semelhança, colocado em perfeita harmonia com Seu Criador, para desfrutar da alegria de ser diferente de todas as coisas que o Próprio Deus criou. Nesse contexto, percebemos que o joio fora introduzido por meio de Satanás nesse campo que Deus criou, quando a narrativa Bíblica nos revela o diálogo do inimigo com a mulher, que por sua vez não dominou seus desejos e veio a cair em desobediência juntamente com seu companheiro Adão, representante legal de toda raça humana. Deste episódio surge a corrupção de nossa natureza. Fica fácil perceber a primeira semeadura do joio e como esse proliferou quando entendemos o pecado da raça humana.

Nessa altura Satanás já havia sido condenado por causa de sua rebelião contra Deus, e com ele muitos anjos caíram. Não são esses os filhos do maligno? Relembrando a história da criação vamos encontrar, no jardim do Éden, uma criação pura, santa, imaculada, comprovando-nos o propósito de Deus que fossemos diferentes do Joio, que já se manifestara por meio de Satanás e seus anjos decaídos. Associando o momento da criação com os primeiros passos da igreja em sua formação organizacional, podemos constatar a nítida diferença existente entre o Joio e o Trigo.

Após o relato da queda, mesmo após o pecado, encontramos Deus revelando seu propósito de ter para si um povo santo, um povo diferente, um povo que em hipótese alguma pudesse ser conivente com o Joio, com o pecado, pois esse povo é o Trigo de Deus. Ele estabelece o plano de salvação e transformação do trigo que se havia perdido, se transformando em joio após a transgressão da ordem de Deus.

No jardim do Éden vemos a primeira semeadura do joio, onde comprovamos que toda a terra se contaminou. A mesma passou a ser maldita por causa do pecado, produzindo cardos e abrolhos. O trabalho do homem seria, a partir desse acontecimento, algo que lhe causaria fadiga e cansaço, e a morte foi introduzida na caminhada do homem como resultado desta queda: *"E ao homem disse: Porquanto deste ouvido à voz de tua mulher, e comeste da árvore de que te ordenei dizendo: Não comerás dela; maldita é a terra por tua causa; em fadiga comerás dela todos os dias da tua vida. Ela te produzirá espinhos e abrolhos; e comerás das ervas do campo. Do suor do teu rosto comerás o teu pão, até que tornes à terra, porque dela foste tomado; porquanto és pó, e ao pó tornarás"* (Gênesis 3.17-19). A contaminação do trigo estava instalada. Esta por sua vez, sempre fora combatida por Deus, a fim de nos fazer entender que seu desejo inicial de ter um povo de sua "propriedade exclusiva" se cumprirá. Em Gênesis 3.15 podemos encontrar a revelação do antídoto contra todo mal que o pecado trouxe ao homem: *"Porei inimizade entre ti e a mulher, entre a tua descendência e o seu descendente. Este te ferirá a cabeça, e tu lhe ferirás o calcanhar"*.

Não podemos ignorar a triste realidade de que, após a desobediência, o coração do homem se tornou excelente terreno à semeadura do pecado, o que facilmente se comprova com a introdução do homicídio na história da humanidade: *"Falou Caim com o seu irmão Abel. E, estando eles no campo, Caim se levantou contra o seu irmão Abel, e o matou"* (Gênesis 4.8). A existência dos cardos e abrolhos nos elucidam a verdade que o pecado contaminara tudo quanto deveria ser puro, prazeroso. O coração do homem se encheu de engano e maus desígnios: *"Enganoso é o coração, mais do que todas as coisas, e perverso; quem o poderá conhecer?; Porque do coração procedem os maus pensamentos, homicídios, adultérios, prostituição, furtos, falsos testemunhos e blasfêmias. São estas as coisas que contaminam o homem; mas o comer sem lavar as mãos, isso não o contamina"* (Jeremias 17.9; Mateus 15.19-20).

Deus estabeleceu para si um povo diferente, santo, um povo que se identifique com Ele, e desfrute de Sua maravilhosa companhia. Por tal decisão, sendo Deus imutável, podemos citar que o desenvolvimento da história bíblica nos prova esta irrefutável verdade. Reportemo-nos aos tempos de Noé. As Escrituras nos revelam que os homens haviam se corrompido de tal modo a multiplicar sua maldade na terra: *"Viu o Senhor que a maldade do homem havia se multiplicado na terra, e que era continuamente mau todo desígnio de seu coração"* (Gênesis 6.5).

O avanço da maldade se deu pela corrupção do coração dos homens. Houve um tempo em que o conhecimento de Deus foi ignorado e desprezado, o que proporciona a manifestação do pecado e abre todas as portas para evidenciar sua força e podridão. Os homens certamente deixaram de ouvir o Senhor, se desviaram da vontade de Deus. Nisto constatamos a proliferação do joio semeado nos corações por meio do pecado que facilmente germina e se faz abundante. Neste mesmo contexto observamos Deus realizando Sua vontade de ter para si um povo diferente, quando então elimina toda a espécie humana por meio do dilúvio e reinicia todo o processo a partir de Nóe e sua família. No ano seiscentos e um, no mês primeiro, no primeiro dia do mês, secaram-se as águas de sobre a terra. Então Noé tirou a cobertura da arca: e olhou, e eis que a face da terra estava enxuta: *"No segundo mês, aos vinte e sete dias do mês, a terra estava seca. Então falou Deus a Noé, dizendo: Sai da arca, tu, e juntamente contigo tua mulher, teus filhos e as mulheres de teus filhos. Todos os animais que estão contigo, de toda a carne, tanto aves como gado e todo réptil que se arrasta sobre a terra, traze-os para fora contigo; para que se reproduzam abundantemente na terra, frutifiquem e se multipliquem sobre a terra. Então saiu Noé, e com ele seus filhos, sua mulher e as mulheres de seus filhos; todo animal, todo réptil e toda ave, tudo o que se move sobre a terra, segundo as suas famílias, saiu da arca. Edificou Noé um altar ao Senhor; e tomou de todo animal limpo e de toda ave limpa, e ofereceu holocaustos sobre o altar. Sentiu o Senhor o suave cheiro e disse em seu coração: Não tornarei mais a amaldiçoar a terra por causa do homem; porque a imaginação do coração do homem é má desde a sua meninice; nem tornarei mais a ferir todo vivente, como acabo de fazer. Enquanto a terra durar, não deixará de haver sementeira e ceifa, frio e calor, verão e inverno, dia e noite"*(Genesis 8. 13-22).

Encontramos a presença do Joio e do Trigo no contexto de Noé, e podemos entender que o querer de Deus não é que ambos permaneçam amigavelmente juntos, sem que haja diferença entre o povo de Deus e os que não são de Deus. O Senhor salvou a Noé e sua família, eliminando todos aqueles que não lhe foram servos. Os homens na época de Noé viviam distantes de Deus, por isso não conseguiram aceitar a pregação de Noé, que o fizera até mesmo por meio da absurda construção da arca. A disseminação do joio causara tristeza ao coração de Deus, mostrando-nos que não há como viver tranquila e serenamente sendo joio e trigo. Aqui mais uma vez afirmamos que joio e trigo estavam juntos no mundo, mas Deus continua revelando que deve haver diferença entre um e outro. O Joio estava junto ao Trigo no mundo, mas Deus faz distinção entre um e outro. *"Sucedeu que, quando os homens começaram a multiplicar-se sobre a terra, e lhes nasceram filhas, viram os filhos de Deus que as filhas dos homens eram formosas; e tomaram para si mulheres de todas as que escolheram. Então disse o Senhor: O meu Espírito não permanecerá para sempre no homem, porquanto ele é carne, mas os seus dias serão cento e vinte anos. Naqueles dias estavam os nefilins na terra, e também depois, quando os filhos de Deus conheceram as filhas dos homens, as quais lhes deram filhos. Esses nefilins eram os valentes, os homens de renome, que houve na antigüidade. Viu o Senhor que era grande a maldade do homem na terra, e que toda a imaginação dos pensamentos de seu coração era má continuamente. Então arrependeu-se o Senhor de haver feito o homem na terra, e isso lhe pesou no coração E disse o Senhor: Destruirei da face da terra o homem que criei, tanto o homem como o animal, os répteis e as aves do céu; porque me arrependo de os haver feito. Noé, porém, achou graça aos olhos do Senhor. Estas são as gerações de Noé. Era homem justo e perfeito em suas gerações, e andava com Deus. Gerou Noé três filhos: Sem, Cão e Jafé"* (Gênesis 6.1-10). Quantos anos se deram da tolerância de Deus para com esse povo que se corrompia mais e mais, dia após dia?

Já não está tão difícil entendermos que Trigo e Joio crescem juntos no mundo, onde podem até ter aparências idênticas. Isto nos faz lembrar a natureza corrompida, pecaminosa de todo homem. Não há como fazer distinção entre Trigo e Joio, quando pensamos em homem sem pecado e homem pecador. Todos, indistintamente são pecadores. Observamos ainda que o ser Joio tornou-se a característica de todo homem contaminado pelo pecado. Assim precisamos começar a fazer distinção entre qual semente deve germinar em nós. O Trigo que depende da ação de Deus, onde podemos e devemos participar do processo da transformação, ou o Joio que depende unicamente de nossa decisão em sustentar a nossa natureza pecaminosa?

Aos que retomaram sua caminhada pelo toque gracioso de Deus salvando-os por meio de Jesus Cristo, não há espaço para permanecer na visão de que trigo e joio é algo que somos simultaneamente. A verdade de Deus é que ou somos joio ou somos trigo. Não há meio termo, ou caminho alternativo.

Respondendo a indagação de quem somos, podemos afirmar não ser concebível a ideia de concordarmos com a evolução do Joio e do Trigo na mesma proporção em nossas vidas, em pacífica convivência. Em Cristo Jesus fomos transformados de joio para trigo de Deus, e a prevalência do trigo se dá pela resistência que oferecemos ao velho homem, mortificando-o mais e mais. O trigo apresenta sinais de quem somos, assim como também o joio evidencia a realidade de quem é o homem sem Cristo. Somos povo de Deus. Redimidos, transportados do reino das trevas - lugar de propagação e cultivo de tudo quanto nos distancia de Deus - para "o reino de seu amor". Continuamos no mundo, mas não somos do mundo. Continuamos arranhados pelo veneno do joio, mas não o temos como aliado. Somos a geração eleita para a proclamação das virtudes de Deus. *"Mas vós sois a geração eleita, o sacerdócio real, a nação santa, o povo adquirido, para que anuncieis as grandezas daquele que vos chamou das trevas para a sua maravilhosa luz"* (1 Pedro 2.9).
Somos a luz do mundo e o sal da terra (Mateus 5.13-16). Somos o luzeiro de Deus no mundo: "Para que vos torneis irrepreensíveis e sinceros, filhos de Deus imaculados no meio de uma geração corrupta e perversa, entre a qual resplandeceis como luminares no mundo" (Filipenses 2.15).

A história de Davi, denominado por Deus como "homem segundo o seu coração" nos esclarece ainda mais a verdade de que Trigo e Joio não podem crescer juntos na igreja. Não há espaço para dois corpos ocuparem o mesmo espaço ao mesmo tempo, assim também não podemos ser igreja de Deus – Corpo de Cristo, e ao mesmo tempo ser joio – "filhos do Maligno": *"o campo é o mundo; a boa semente são os filhos do reino; o o joio são os filhos do maligno; o inimigo que o semeou é o Diabo; a ceifa é o fim do mundo, e os celeiros são os anjos"* (Mateus 13.38-39).

Davi sentiu de perto a pressão do pecado de seu coração, que influencia e favorece ao aparecimento e crescimento do Joio. Davi cometeu adultério e homicídio, mas quando confrontado pelo profeta Natã acerca de seu pecado, não hesitou em reconhecer sua culpa, não perdeu a oportunidade de deixar o pecado, e arrependeu-se sinceramente: *"Então, disse Davi a Natã: Pequei contra o Senhor. Disse Natã a Davi: Também o Senhor te perdoou o teu pecado; não morrerás"; "Compadece-te de mim, ó Deus, segundo a tua benignidade; e, segundo a multidão das tuas misericórdias, apaga as minhas transgressões. Lava-me completamente da minha iniquidade e purifica-me do meu pecado. Pois eu conheço as minhas transgressões, e o meu pecado está sempre diante de mim. Pequei contra ti, contra ti somente, e fiz o que é mau perante os teus olhos, de maneira que serás tido por justo no teu falar e puro no teu julgar"* (2 Samuel 12.13; Salmo 51.1-4).Certamente que todo esse acontecimento registrado na Palavra de Deus, como revelação inspirada e canônica de Deus, é para que tenhamos compreensão da diferença entre o que é ser de Deus e apenas estar com Deus. Ser Trigo ou Joio. Indubitavelmente, arrepender-se sinceramente é uma ampla e confortável caracterização do Trigo de Deus e não do Joio.

As muitas advertências de Deus para que cuidemos de não nos moldar ao mundo nos facilita a compreensão de que somos distintos. O povo de Deus sempre fora convocado a uma vida de santidade, uma vida de separação exclusiva ao Senhor. Isto nos faz entender que embora estejamos tão próximos do Joio, semeados no mesmo campo (Mateus 13.38ª), não devemos nos moldar às práticas do mesmo, até porque nascemos de novo em Jesus Cristo.
A Igreja de Deus sempre foi especial para o Senhor; antes da fundação do mundo Deus já amou o seu povo, a sua igreja. Ele quer que entendamos nossa verdadeira identidade: somos sua igreja; somos o seu povo; somos o Corpo de Deus; somos sua propriedade exclusiva!

Deus estabeleceu ordenanças ao seu povo, para sempre se distinguir no meio do Joio. Deus jamais incentivou a união ou a comunhão de seu povo com os povos pagãos. Deus jamais desejou que seu povo se inflamasse com os costumes dos que não O servem e nem O adoram. Esta não é uma realidade para o passado, nem uma exigência, uma normativa para um tempo específico e limitado. Ao contrário, em todo tempo o povo de Deus deve ser o mesmo na sua vida como cristão.

A narrativa Bíblica, em muitas de suas passagens nos elucida a verdade de que o Trigo de Deus não pode associar-se ao Joio. São inúmeros os exemplos que a história bíblica nos revela, especialmente se nos reportarmos aos cativeiros que o povo sofreu, sempre em consequência da mistura com os pagãos, que resultava na idolatria. O povo se misturava e se aparentava com o Joio de tal maneira que este proliferava, provocando a ira de Deus, por meio de alianças proibidas pelo Senhor; por meio de casamentos fora do arraial de Deus. Os profetas do Senhor se levantaram contra tais práticas, ocorridas com grande incidência no meio do povo. Lembramos ainda do episódio de Acã, descoberto em seu pecado; e todo o povo o apedrejara, para provar que aquela era uma nação santa, separada para exclusiva glória de Deus: *"Então, Josué e todo o Israel com ele tomaram Acã, filho de Zera, e a prata, e a capa, e a barra de ouro, e seus filhos, e suas ovelhas, e sua tenda, e tudo quanto tinha e levaram-nos ao vale de Acor. Disse Josué: Por que nos conturbastes? O Senhor, hoje, te conturbará. E todo o Israel o apedrejou; e, depois de apedrejá-los, queimou-os"* (Josué 7.24-25). O Senhor nunca foi conivente com a duplicidade de vida, nunca Lhe agradou ver o Seu povo ora como Trigo, ora como Joio. As ações descritas em algumas passagens do Velho Testamento, onde Deus disciplinou severamente Seu povo, nos esclarece a ideia de que Deus não admite que sejamos como santos – separados - coniventes, simpatizantes e até praticantes das mesmas ações do Joio. Não nos cabe ser conformados com o mundo, vivendo do mesmo modo que o Joio, os filhos das trevas vivem: *"Rogo-vos, pois, irmãos, pela compaixão de Deus, que apresenteis os vossos corpos como sacrifício vivo, santo e agradável a Deus, que é o vosso culto racional. E não vos conformeis a este mundo, mas transformai-vos pela renovação da vossa mente, para que experimenteis qual seja a boa, agradável, e perfeita vontade de Deus"*. (Romanos 12.1-2).

"Contra fatos não tem argumentos". A verdade é que somos o povo de Deus. Somos chamados por Cristo para sermos santos e fazermos a nítida diferença do "Ser de Deus e ou apenas estar com Deus". Quem somos em nossos atuais dias?...

DEUS LEVADO A SÉRIO

Precisamos recordar como Deus é zeloso com sua honra. Um dos textos Sagrados que nos revelam esse cuidado de Deus nos levará à narrativa em que Israel, sob o comando de Davi, saiu para buscar a arca de Deus, que havia sido tomada pelos filisteus em guerra com Israel no tempo de Saul. Na narrativa, que abaixo descrevemos, nos deparamos com um acontecimento que provocou imenso transtorno, promovendo incomparável tristeza ao coração do povo de Deus, um momento de profunda decepção desses com o próprio Deus, que se não compreendido à luz da Palavra em seu contexto, nos deixará questionando de fato o Seu amor para com os homens e o zelo por Sua honra e glória.

"Reuniu, pois Davi, a todo Israel, desde Sior do Egito até à entrada de Hamate, para trazer a arca de Deus de Quiriate-Jearim. Então, Davi, com todo Israel, subiu a Baalá, isto é, Quiriate-Jearim, que está em Judá, para fazer subir dali a arca de Deus, diante da qual é invocado o nome do Senhor, que se assenta acima dos querubins. Puseram a arca de Deus num carro novo e a levaram para a casa de Abinadabe; e Uzá e Aiô guiavam o carro. Davi e todo o Israel se alegravam diante de Deus com todo seu empenho; com cânticos, com harpas, com alaúdes, com tamborins, com címbalos e com trombetas. Quando chegaram à eira de Quidom, estendeu Uzá a mão à arca para a segurar; porque os bois tropeçaram. Então a ira do Senhor se acendeu contra Uzá e o feriu, por ter estendido a mão à arca; e morreu ali perante Deus. Desgotou-se Davi, porque o Senhor irrompera contra Uzá; e chamou àquele lugar Perez Uzá, até ao dia de hoje. Temeu Davi a Deus, naquele dia, e disse: Como trarei a mim a arca de Deus? Pelo que Davi não trouxe a arca para si, para cidade de Davi; mas a fez levar à casa de Obede-Edom, o geteu. Assim ficou a arca de Deus com a família de Obede-Edom, três meses em sua casa; e o Senhor abençoou a casa de Obede-Edom e tudo o que ele tinha."(1º Crônicas 13.5-14)

Deparamo-nos com a morte de Uzá. Morte esta ocasionada pela "sublime" atitude do mesmo em ter evitado que a arca caísse ao chão, quando os bois tropeçaram e ele estendeu suas mãos para segurá-la. A explicação que precisamos encontrar para entendimento do episódio nos proporcionará melhor compreensão da necessidade de que sejamos íntimos de Deus, conhecendo Sua revelação, sendo então o povo de Sua propriedade exclusiva. Povo que saberá em todo tempo e situação comportar-se como verdadeiro e próximo adorador do Senhor. Encontramos algumas respostas para entender a ação de Deus contra o seu povo, que aparentemente estava realizando o melhor para Ele. No entanto, pelo ocorrido, podemos atestar que o melhor para Deus não se define por concepções que tenhamos de Deus, mas sim das verdades que Ele nos revelou sobre Sie. Uma resposta inicial está exatamente no fato de que Deus havia determinado que ninguém tocasse a arca e, que a mesma fosse transportada somente pelos levitas. Sua palavra não podia cair por terra, ainda que fosse por uma boa intenção. Os textos a seguir nos ajudam a compreender a questão: *"Então, disse Davi: Ninguém pode levar a arca de Deus, senão os levitas; porque o Senhor os elegeu, para levarem a arca de Deus e o servirem para sempre". "Pois, visto que não a levastes na primeira vez, o Senhor, nosso Deus, irrompeu contra nós, porque, então não o buscamos, segundo nos fora ordenado"* (1 Crônicas 15.2, 13). *"Farás também varais de madeira de acácia e os cobrirá de ouro; meterá os varais nas argolas aos lados da arca, para levar por meio deles a arca"* (Êxodo 25.13-14) e, especialmente, o texto de Números: *"Quando Arão e seus filhos, ao partir do arraial, acabarem de cobrir o santuário e todos os seus móveis, os filhos de Coate virão para levá-lo; mas nas coisas sagradas* ***não tocarão****, para que não morram (grifo meu); esse é o cargo dos filhos de Coate na tenda da revelação"*(Números 4.15). Embora tudo ali, no momento de transportar a arca, tenha sido feito com as melhores das intenções, nada se enquadrava na verdade revelada de Deus, e por esta razão Ele irrompera contra Uzá, levando-o à morte.

A Palavra de Deus não falha jamais. Ela se cumpre totalmente e precisa ser observada por todos que então anseiam ser fiéis a Deus. Nada do que o Senhor pronunciou cairá por terra, ao contrário, tudo se cumprirá. E, quando Deus determinou que ninguém poderia tocar a arca, era ninguém mesmo. Logo, quando Uzá, ainda que bem intencionando, tocou a mesma, não restou nenhuma outra ação de Deus, senão fazer valer Sua Palavra. Isso ocorrera por muitos outros fatos a analisar naquele evento majestoso e cheio de alegria do povo de Deus. Muitos pontos que desacreditavam a verdade absoluta de Deus se encontravam ali. Os bois tropeçaram sabe-se porquê? Não há uma explicação para o ocorrido. Uzá e Aio estavam à frente do carro, e certamente, nada avistaram que pudesse proporcionar um tropeço dos bois, mas ainda assim os bois tropeçaram. Havia algo mais contra a Palavra de Deus em todo aquele festivo encontro com a Sua Arca. Podemos observar que a arca estava sendo transportada em um carro novo, feito especialmente para esse fim. No entanto, o que Deus havia determinado quanto ao transporte da arca, se limitava a que a mesma fosse levada aos ombros pelos levitas. O carro foi uma invenção de Davi. Os Filisteus assim fizeram, quando devolveram a Arca de Deus: *"Assim fizeram aqueles homens, e tomaram duas vacas com crias, e as ataram* ***ao carro****, e os seus bezerros encerraram em casa. Puseram a arca do Senhor sobre o* ***carro,*** *como também o cofre com os ratos de ouro e com as imitações dos tumores"* (1 Samuel 6.10-11). Mas esses nada tinham com o Senhor. Não conheciam a ordem de Deus. Israel, porém sabia que não poderia ser feito assim. Israel tinha a Palavra de Deus ao seu alcance.

Os sacerdotes não se santificaram para ir ao encontro da Arca, como o fizeram posteriormente: *"Chamou Davi os sacerdotes Zadoque e Abiatar e os levitas Uriel,*

Asaías, Joel, Semaias, Eliel e Aminadabe e lhe disse: Vós sois os cabeças das famílias dos loevitas; santificai-vos, vós e vossos irmãos, para que façais subir a arca do Senhor, Deus de Israel, ao lugar que lhe preparei" (1 Crônicas 15.11-12). Isso mesmo, santificar-se para o encontro com Deus, pois a Arca representava essa presença do Eterno no meio de seu povo. O próprio Davi se vestiu apropriadamente para resgatar a Arca, para sair ao encontro com Deus. Houve consideração pelas determinações de Deus. Sua Palavra fora observada, como deveria ter sido no primeiro instante em que almejara ir ao encontro da Arca de Deus.

O Senhor fez valer sua glória, quando então puniu os homens ali, causando grande tristeza ao arraial com a morte de Uzá. Isso ocorreu porque a palavra de Deus estava sendo afrontada em todo o contexto daquele encontro adornado de belos acompanhamentos que, no entanto, feriam as divinas determinações. Isso não acabaria bem. Nunca isso traz bom resultado!

O zelo de Deus por Sua Palavra nos faz entender a verdade de que somos chamados à diferença entre Trigo e Joio. Não há como ser trigo e joio ao mesmo tempo. Esse é o melhor de Deus para nós, não somos fiéis a um deus qualquer. Somos chamados ao Deus zeloso de Sua honra e de Sua glória. Deus que nos adverte quanto à diferença que devemos evidenciar ao mundo.

Essa situação nos faz entender que temos uma incumbência completamente distinta dos outros povos; somos um povo que tem um Deus zeloso e sério, que não se mistura nem se deixa ser confundido, e assim também exige que seu povo seja distinto, diferente! Diante do exposto cabe-nos uma indagação: como podemos admitir a ideia de que Trigo e Joio crescem juntos na igreja? No mundo, tudo bem, mas na igreja? É incabível este pensamento, especialmente quando obtemos a compreensão de quem é a igreja de Deus aqui nesse mundo. A igreja é o Corpo de Cristo, e este por sua vez se representa por todos quantos foram alcançados pela graça do Senhor e confessaram sua fé em Jesus como único e suficiente salvador de suas vidas. Essa igreja está espalhada na face da terra nas mais variadas denominações biblicamente corretas, centradas na Palavra em sua totalidade e não isoladamente adulterada por interesses humanos dos mercadores do evangelho de nossa era.

Uma pertinente indagação: Quanto temos zelado pela honra de Deus, vivendo a palavra que Ele nos determinou viver? Continua sendo nossa característica vitalícia o ser cristão, pelo fato de seguirmos os ensinamentos de Cristo no mundo contemporâneo? Somos distinguidos como verdadeiros seguidores de Cristo hoje? Fazemos diferença em nossa maneira de falar e viver?

Não podemos simplesmente ignorar o agir de Deus no meio das festividades do reencontro da Arca, como narrado no texto que lemos anteriormente. Jamais nos fora permitido ofuscar a verdade de Deus, enquanto nos tornamos adequados aos dias que vivemos se de fato estamos vivendo com e para Deus. Temos em nosso novo ser o privilégio de proclamarmos as virtudes de Deus e, para tal, o zelo para com a Bíblia Ele é imperativo e irrevogável.

Continuamos nesse mundo. Nós, os cristãos do século XXI e tantos outros que virão, até que o Senhor volte. Mas é imprescindível que saibamos diferenciar o estar no mundo e não ser do mundo. A igreja tem que continuar sendo igreja e o mundo continuar sendo mundo, embora este possa e deva ser transformado pela igreja. Jamais a igreja será transformada pelo mundo, mesmo que às vezes ela se enfraqueça por sua negligência na observância das Escrituras Sagradas: *"Respondeu-lhes Jesus: Errais, não conhecendo as escrituras nem o poder de Deus"* (Mateus 22.29).
"Jesus se referiu aos seus seguidores, um punhado de camponeses palestinos, chamando-os de sal da terra e luz do mundo, por causa do alcance que eles teriam com a influência de serem cristãos" (Lloyd Jones, Martin), de ser o Trigo de Deus. Os discípulos nos alcançaram com a mensagem do evangelho proclamado de forma zelosa e fiel que aprenderam do Mestre.

Retornando aos dias da Reforma Protestante (século XVI), encontramos homens que se aperceberam do estar a igreja tão contaminada pela proliferação do Joio, distanciada em muito das Escrituras Sagradas, que não viram outro caminho senão o voltar-se às Sagradas Letras e, para tal, o zelo os forçara a deixar a igreja católica. Porque observaram esta necessidade? Não estaria a igreja vivendo como o Joio sempre viveu? Não estaria a igreja completamente tomada pela ganância, pela mentira, pelo pomposo, pelo poder?...
Alguns perceberam a necessidade de mudança no contexto do século XVI, e assim revelaram ao mundo a compreensão de que não pode a igreja ser trigo de Deus e ao mesmo tempo joio de Satanás. Essa percepção se dera pela intimidade que tais homens estabeleceram com Deus por meio também do zelo em meditar nas Sagradas Letras.

"A igreja e o mundo são comunidades separadas. De um lado está a terra; de outro "vós", que sois o sal da terra. De um lado o mundo; de outro, "vós" que sois a luz do mundo. É verdade que as duas comunidades e(eles e vós) estão relacionadas uma com a outra, mas essa relação depende de sua diferença". (John Stott – A mensagem do Sermão do Monte – Editora ABU).

O Deus que servimos é extremamente zeloso para com Sua Palavra e exige que sejamos também. Por esta razão somos advertidos a ser santos como Ele é. E como ser santo, se não for pela compreensão da Palavra de Deus?

Cidades de refúgio já não mais existem... e a Igreja para que serve?

Deus não deseja que aprendamos sobre como ter um perfeito relacionamento com Ele unicamente para que nos deleitemos eternamente n'Ele. Certamente que nosso relacionamento com o Criador promoverá experiências múltiplas em nossa passagem nesta vida aqui no Planeta Terra. E, dentre as muitas experiências, destacamos a que nos transforma em instrumentos de Jeová no alcance de tantos outros que virão como eleitos à salvação depois de nós. Viemos depois de tantos outros que aprenderam e valorizaram devidamente o relacionar-se com o Criador. Simione Broder cantou uma bela música, em que cita o privilégio de um homem que conheceu e relacionou-se corretamente com o Criador, afirmando em um trecho da música que não ter essa experiência relacional com o Criador é piração total do homem.

Se fosse propósito divino nos alcançar unicamente para a eternidade, certamente ao salvar o eleito, imediatamente o transferiria para a eternidade e não nos deixaria aqui tantos anos após nossa conversão. Existem alguns casos em que a salvação se evidencia já no estado terminal de uma vida. Porém esta não é a regra e sim, a exceção.

Pensando nisto, conclamamos a paciência dos irmãos por mais um pouco, onde compartilhamos acerca de nossa importância, como conhecedores dos segredos do Pai, neste mundo. Dentre as muitas atividades da igreja de Cristo no mundo, consideremos a ação terapêutica. Descrevemos a mesma por meio de um texto, que embora não possa literalmente ser aplicado à atualidade da igreja, mas certamente pode muito bem se aplicar à necessidade de que compreendamos essa nossa função no mundo. Vamos ao texto: "Escolhei para vós outros cidades que vos sirvam de refúgio, para que nelas se acolha o homicida que matar alguém involuntariamente. Estas cidades vos serão para refúgio do vingador de sangue, para que o homicida não morra, antes de ser apresentado perante a congregação para julgamento". *(Números 35.11-12).* As cidades de refúgio tinham a finalidade de evitar que alguém fosse condenado injustamente. O processo vigente no contexto da implantação das cidades obrigava o homicida a deslocar-se para a cidade de refúgio mais próxima, a fim de que não fosse morto pelo vingador de sangue, antes de um justo julgamento, caso fosse condenado. No percurso em que o infrator realizava sua fuga para a cidade, era permitido ao vingador de sangue – parente mais próximo da vítima - tirar-lhe a vida, mas em hipótese alguma, após ter o mesmo alcançado a cidade poderia o vingador exercer justiça pessoal. Necessário ser-lhe-ia aguardar o justo julgamento de sua causa.

Hoje não temos mais essas cidades, nem tão pouco vivemos na prática do "olho por olho" e "dente por dente". Somos beneficiados pelo precioso tempo da graça de Deus sobre nós, que nos faz entender a necessidade de que Deus seja sempre nosso juiz, a fim de que evitemos cometer maiores pecados contra nosso próximo. Temos inclusive em nossos tempos o exercício da justiça por meio dos caminhos jurídicos de nossa nação, que devem ser respeitados e buscados em casos necessários. Reconhecemos que a justiça dos homens tende a ter suas falhas, no entanto não somos autorizados a desconsiderá-la, uma vez que o nosso Deus é quem as institui: "Todo homem esteja sujeito às autoridades superiores; porque não há autoridade que não proceda de Deus; e as autoridades que existem foram por Ele instituídas" (Romanos 13.1). Somos advertidos a que oremos sempre pelas autoridades constituídas: "Antes de tudo, pois, exorto que se use a prática de súplicas, orações, intercessões, ações de graças, em favor de todos os homens, em favor dos reis e de todos os que se acham investidos de autoridade, para que vivamos vida tranquila e mansa, com toda piedade e respeito" (1Timóteo 2.1-2).

Onde se aplica à nossa realidade as cidades de refúgio? Percebemos em nossos atuais dias que a humanidade vive perplexa com tanta dor, tantas desventuras da raça humana e inúmeras aberrações que nos assustam veementemente. E nesse contexto entendo ser bem aplicável uma analogia entre a cidade de refúgio e a figura da igreja como instituição divina. Não estaremos aqui tratando o texto exegeticamente, mas sim absorvendo uma aplicação pertinente que não fere os princípios da Bíblia, e de maneira alguma acresce algo à Palavra.

Em nossos dias encontramos uma vasta proliferação de ideologias e filosofias de vidas que tm surgido com o objetivo de proporcionar ao homem definitiva e conclusiva razão existencial no âmbito matéria e espírito. No entanto o que podemos comprovar é que a falta dos absolutos morais e éticos tem permitido que a relativização de toda verdade distancie o homem da exata e absoluta resposta para suas indagações existenciais. O homem continua carente da irrefutável verdade de que a vida procede de Deus e somente faz sentido em Deus e com Ele. Logo, nenhum artifício ou nenhuma novidade filosófica e doutrinária desprovida do Altíssimo pode trazer ao homem alento às suas dúvidas. Logo a necessidade de um refúgio adequado, que definitivamente estabeleça a ordem ao caos social da pós-modernidade que vivemos é notória. Os homens estão carentes de uma cidade refúgio! Essa carência, por sua vez, é originária nas muitas frustrações que a humanidade vive em busca de plena realização nos caminhos, distantes de Deus.

A humanidade tem profunda necessidade de se refugiar, de encontrar solução para suas indefinições físicas, emocionais e espirituais. Nessa realidade é que podemos avaliar a relação Igreja e cidades de refúgio. Sabemos que toda desordem humana tem origem espiritual, amplamente motivada e sustentada por Satanás, o único a se beneficiar em nossa natureza decaída. Os homens, em virtude dessa realidade, buscam freneticamente por algo que satisfaça suas expectativas, e sabemos perfeitamente que somente o Senhor Jesus Cristo pode saciar eternamente essa sede humana. Por esta razão, entendemos ser a igreja de Cristo a única instituição capaz de fazer valer essa irrefutável verdade, por ser a mesma a boca de Deus e, assim sendo, não pode falar daquilo que não conhece intimamente. Sua mensagem impreterivelmente é a mensagem que o Senhor Jesus tem para as almas aflitas, desesperadas e enganadas pela ação do joio, ou os filhos do Maligno. Não podemos ignorar o papel da igreja no mundo.

A história nos demonstra a inquietação do coração do homem de todas as épocas em busca de definitivas respostas quanto a todas as suas indagações. A igreja atravessou todas estas eras e não soube aproveitar, contínua e progressivamente, as grandes oportunidades que Deus lhe concedeu a fim de transformar o mundo, impactando de forma significativa o Joio.
A igreja se corrompeu quando recebeu a oportunidade de reger o mundo. Isto nós observamos na Idade Média. Nesse período a igreja determinava todas as coisas; o mundo se deixava ser regido pelo poder da igreja. Lamentavelmente a mesma se corrompeu de tal modo que sua boca foi amordaçada e, mesmo quando conseguia falar, não era ouvida em decorrência da incoerência entre o que dizia e o que vivia. No governo teocrático, os homens tiveram a oportunidade de transformar a vida, mas resolveram buscar um rei para não serem vistos como anormais. A igreja sempre teve ao seu dispor o poder de Deus para transformar o mundo, contudo, não tem cultivado corretamente seu relacionamento com Ele. Por esta razão, as almas aflitas ainda estão em busca de refúgio verdadeiro, sem encontrá-lo abundantemente. Pela posição da igreja, hoje superficialmente atrelada ao Criador, não mais podemos ser vistos como "Cidades de Refúgio" para o mundo pós-moderno.

Nos dias atuais, ao fixarmos nosso olhar no cristianismo divulgado e vivido por muitos (lamentavelmente a maioria), veremos uma igreja confusa em seus dogmas e suas doutrinas bíblicas. As poucas instituições cristãs enraizadas na Palavra de Deus, tendo-a como única regra de fé e prática, se calaram, pois se enclausuraram em suas portas de forma que não mais permitem ecoar sua voz pelos rincões de nossa terra. Assim no surgimento de muitas igrejas que afirmam trazer a verdade de Deus, ecoam falsas trombetas de forma estonteante, cooperando acirradamente para que o homem pós-moderno não mais aceite a ideia de que existe uma verdade absoluta. Dificultamos em muito a compreensão de que a verdade de Deus é irrefutável, imutável e a melhor opção para o homem em todos os seus conflitos, em virtude de perdermos a visão do quão necessário é nosso íntimo relacionamento com Jesus Cristo.

Porém, esse mesmo homem pós-moderno que, ao mesmo tempo em que não aceita normas, regras definitivas e absolutas, continua em busca de algo que lhe seja eficaz nas suas mais variadas inquietações espirituais, físicas e emocionais. Daí o acentuado número de uma multidão que corre atrás das ilusórias e fraudulentas promessas dos muitos falsos profetas de nosso tempo. Essa multidão está atrás de algo, ainda que seja unicamente alguma coisa que a prenda ainda mais a essa terra, achando que está correndo atrás de Jesus, e nem mesmo a oportunidade de ouvir a verdade estão tendo. Onde estamos como a comunidade terapêutica de Deus nesse mundo?

Insistimos na verdade de que as cidades de refúgio já não mais existem. Nem é necessário discutir isto. Mas a igreja continua nesse mundo e certamente não é por um acaso. Definitivamente o papel da igreja nesse mundo é ser a "cidade de refúgio" do século XXI e dos vindouros séculos.

Não mais temos atraído as pessoas que se sentem aprisionadas, acusadas por Satanás por causa de seus pecados; na caminhada que muitos estão fazendo não temos aberto as portas da igreja para que os perseguidos adentrem e encontrem a solução para suas vidas. Nossa influência na sociedade não causa uma busca por nossos conselhos pelos aflitos de alma e coração. Não estamos revelando ao mundo o poder de Deus em Lhes proporcionar uma vida transformada e abundante. A sociedade nos tem visto como mais um grupo no meio de tantos, e assim não lhes oferecemos a Paz que somente Jesus pode dar-lhes, e quer dar-lhes por meio de nós, a sua igreja. As pessoas estão cada vez mais aflitas. Cada dia se torna mais desprovidas de alegria e satisfação plena. Os consultórios para tratamento das doenças psicossomáticas estão em alta. Não conseguem atender a demanda dos que se afligiram na caminhada neste mundo, em busca de algo que somente nós, os servos de Jesus cristo, foram capacitados e chamados a oferecer. A multidão passa próxima, transita à nossa frente sem que lhe ofereçamos refúgio para seus medos.

Por nossa omissão, abrimos espaços para que muitos se apresentem a oferecer uma oportunidade de refrigério e alento às almas afligidas nessa corrida e perseguição de Satanás e seus anjos, no entanto de forma adulterada e intencionalmente capitalista. Esses mercadejam o evangelho, tornando-o relativo para um mundo moderno, e fazendo com que a igreja se torne mais um objeto do utilitarismo capitalista do mundo contemporâneo. Nesse caminho, multidões estão seguindo um falso evangelho, conhecendo uma falsa alegria e satisfação, cuja preocupação maior é satisfazer aos caprichos que a vida sem Cristo reserva ao homem escravizando-o. Multidões estão adorando um cristo que não é o Cristo do Evangelho, que nos ensina sobre sua maravilhosa graça, sem nos desvencilhar das responsabilidades que essa graça nos traz. Esse tipo de evangelho está associado aos perversos anseios do coração de homens que aprenderam com o próprio Diabo a satisfazer suas paixões carnais, inescrupulosamente, em nome de Deus.

Assim pensando, percebemos que a diferença entre trigo e joio se torna imprescindível instrumento para alcançar os feridos, para alcançar os pecadores, transgressores da lei de Deus, para oferecer aos que estão mortos em seus delitos e pecados, o único caminho para libertação e transformação de suas vidas, a saber, Jesus Cristo, O Senhor e Salvador dos homens!

Paulo, escrevendo aos Efésios, lhes revelou algo muito profundo acerca do papel que a igreja tem perante a sociedade e também perante aos principados e potestades. Na palavra de Paulo, inspirada pelo Espírito, o Próprio Deus, a Igreja deve manifestar a multiforme sabedoria de Deus: *"para que, pela igreja, a multiforme sabedoria de Deus se torne conhecida, agora, dos principados e potestades nos lugares celestiais"* (Efésios 3.10), como meio de promover a oportunidade para livrar os que estão sob a perseguição do inferno. A proclamação de quem somos é para que os homens encontrem refúgio em Deus por meio da igreja, por meio do trigo de Deus. A manifestação do poder de Deus revela aos homens a pessoa de Jesus Cristo como *"o caminho, a verdade e a vida"* (João 14.6), o único meio pelo qual os homens podem ser libertos das garras do pecado e achegar-se a Deus de forma a encontrá-Lo.

Não temos atraído os que são perseguidos por causa de seus fracassos e medos exatamente por não vivermos na perspectiva de que estamos nesse mundo com um ideal divino de salvação, de restauração da humanidade decaída, como a mais eficiente instituição na luta contra o pecado, contra o próprio Diabo. Somos uma instituição divina que está nesse mundo a fim de coibir a ação do pecado. Recebemos o ministério da reconciliação por termos sido reconciliados com o Pai por meio de Jesus Cristo: "Porque, se nós, quando inimigos, fomos reconciliados com Deus mediante a morte do Seu Filho, muito mais, esrando já reconciliados, seremos salvos pela a sua vida; e não apenas , mas também nos gloriamos em Deus por nosso Senhor Jesus Cristo, por intermédio de quem recebemos, agora, a reconciliação" (Romanos 5.10-11). Podemos aqui citar de forma muito apropriada o teólogo John Sttott, que ao comentar o Sermão do Monte, faz-nos uma pergunta intrigante sobre a ação do sal antes da putrefação da carne. A pergunta é: *"Onde estava o sal antes que a carne chegasse à putrefação?"*

A igreja precisa entender que não estamos aqui para "encher linguiça", mas exclusivamente para ser um referencial absoluto de refúgio à humanidade decaída por causa do pecado e assolada pela astúcia de Satanás. Somos cooperadores de Deus em sua obra; somos embaixadores do Senhor na restauração dos eleitos à salvação: *"Porque de Deus somos cooperadores; lavoura de Deus, edifício sois vós"; "Ora, tudo provém de Deus, que nos reconciliou consigo mesmo por meio de Cristo e nos deu o ministério da reconciliação, a saber, que Deus estava em Cristo reconciliando consigo o mundo, não imputando aos homens as suas transgressões, e nos confiou a palavra de reconciliação. De sorte que somos embaixadores em nome de Cristo, como se Deus exortasse por nosso intermédio. Em nome de Cristo, pois, rogamos que vos reconciliei com Deus"* (1 Coríntios 3.9; 2 Coríntios 5.18-20).

Perdemos Espaço

A igreja, por sua proximidade do Senhor, tem como responsabilidade o ser útil e muito útil à sociedade, e a falta de entendimento dessa realidade é que tem feito com que a mesma se torne parecida com o Joio e não exerça a influência que deveria. A igreja está se familiarizando com o mundo de tal forma que suas características estão sendo absorvidas pela inoperância espiritual, permitindo assim que as **"cidades de refúgio" continuem a não existir.**

Provocaria-nos profunda tristeza a realidade em que vivemos hoje como igreja, pela abertura ao crescimento do joio que damos por meio de nosso acomodado modo de vida cristã, se compreendêssemos de verdade a diferença entre o Trigo e o Joio, entre ter intimidade com Deus e superficialmente adorá-lo; estaríamos nos penitenciando com tristeza de alma diante de Jesus Cristo, nosso Deus.

Podemos visualizar o quanto nosso relacionamento com o Pai se afrouxou, quando constatamos a verdade de que nós, os evangélicos, deixamos que as portas se abrissem a ponto de muitos nem mais se importar em quem somos, e viverem como nós vivemos. Tornamos-nos imitáveis na exteriorização cúltica, e em algumas situações até mesmo superados na vivência do evangelho de Jesus Cristo. Não existe mais distinção, pois até mesmo segmentos que nunca se pareceram conosco, hoje nos imitam tranquila e suavemente: cantam nossos cânticos; oram nossas orações; gritam nossos gritos; dançam nossa dança e até pregam nossa pregação. São iguais a nós. Não há mais nenhum respeito sobre o modo de vida dos chamados cristãos evangélicos, uma vez que todos se parecem; se permitiram até mesmo ser copiados. Há um adágio popular que ensina uma estratégia para se alcançar e até mesmo derrotar o inimigo pronunciado assim: *"Se não podes vencê-los junte-se a eles"*. É exatamente o que ocorre em nossos dias, em que deixamos de ser o refúgio verdadeiro dos então cansados e sobrecarregados, por causa de seus pecados, por causa de uma religiosidade extasiante, por uma vida legalista e desprovida da alegria em servir ao Senhor como resultado da compreensão do inestimável valor de nossa salvação. Imitando-nos, alcançaram um paliativo para seus pecados. Engodo de Satanás! No entanto quem precisa fazer valer, ou reaver a verdade da absoluta e gritante diferença é o Trigo de Deus. Não devemos esperar que o Joio proclame algo que ele nem mesmo conhece.

Suplico aprovação nesta hora dos amados leitores para relatar algo de minha experiência pessoal, com intuito de reforçar a verdade do quanto estamos necessitados de voltar à intimidade com Deus. Vivi durante 20 anos sem saber de fato o que era um relacionamento verdadeiro com Deus. Minhas perspectivas de vida futura eram completamente vazias, me enveredando pelos caminhos da prostituição e drogas ainda muito cedo. Contudo em um determinado período, comecei a perceber que era necessário algo seguro, a fim de encontrar esperança e razão para a continuidade de minha existência. Esse, sem dúvida alguma, foi o mais sombrio, o mais difícil momento de minha vida, pois não encontrava forças para minha libertação e redirecionamento existencial. Por algumas vezes tentei ingressar em uma igreja evangélica, mas não me senti apoiado, desejado e amparado em todas as igrejas que frequentei nesse tenebroso tempo. Muitas foram as vezes em que adentrei e saí de alguns templos sem ao menos ser percebido, ser "amado". Eu sempre fora mais um visitante que se colocava de pé para satisfazer o "ego" de muitos crentes que se alegram com a casa cheia, mas somente isso... Sempre esperava ser acolhido, encontrar refúgio, pois era um condenado, era um fugitivo por causa do pecado, por causa das opressões de satanás. Graças a Deus que a salvação depende exclusivamente do Senhor!

Nesse ínterim, em que percebia ser carente de um refúgio verdadeiro, apesar de não o encontrar nas casas de oração que frequentei, Deus me proporcionou uma oportunidade de conhecer uma adolescente (na época com quatorze anos de idade), que me fizera compreender que existe grandiosa diferença entre o Trigo e o Joio; entre os que andam com Deus e os que tão somente acreditam n'Ele.

A adolescente citada não se hesitou em me dizer imediatamente após nos conhecermos que sua fé em Cristo Jesus não poderia ser negociada e, caso eu desejasse ser-lhe um amigo, que não me esquecesse disso. Nossa amizade foi o que de fato eu precisava para saber que na Igreja de Cristo Trigo e Joio não podem crescer juntos, amigavelmente, cordialmente como perfeitos e bons companheiros.

A igreja passou a fazer diferença em minha vida quando descobri a verdadeira casa de Deus por meio daquela adolescente, bem como sua distinta e amada família. Foram esses os que muitas vezes me receberam embriagado em sua residência, mas que nunca mostraram desânimo em me ajudar. Foram eles que me ensinaram que eu era Joio e precisava ser transformado em Trigo.

A razão para que existe a igreja é nítida quando observamos sua utilidade. Para que serve o Joio? Para que serve o Trigo? Este alimenta, dá vida, fortalece; o Joio, ao contrário, mata se ingerido. Senti nas ações daquela família que havia encontrado refúgio e que realmente Deus existe. Consegui entender que a igreja existe para transformar, unicamente pela graça de Deus, Joio em Trigo, e isso aconteceu comigo. Isso precisa continuar acontecendo com muitos outros; essa é a função da igreja; este é o caminho para a glória de Deus. Esse certamente é o maior milagre de Deus: transformar Joio em Trigo e deixar o Trigo no mesmo campo do Joio para modificá-lo. *"O maior milagre que Deus pode fazer atualmente é tomar um homem impuro de um mundo sem santidade, torná-lo santo e colocá-lo de volta naquele mundo impuro, conservando-o santo". (Leonard Rovenhill)*

No atual momento de nossa existência percebemos a falta de temor e reverência ao Senhor. Jovens engravidam e se amasiam, insistindo em ser aceitos normalmente no seio da igreja diante de Deus. Não se incomodam e propagam normalmente a fornicação como mais um ato dos dias pós-modernos. Não hesitam em considerar normal e aceitável tal situação. Não se envergonham ao desfilar nos pátios das denominações; não se afligem em adentrar o templo e cultuar a Deus, sem nenhum constrangimento pela gravidez fora do casamento. Não manifestam nenhuma necessidade de arrependimento e conversão. Estão completamente insensíveis à Palavra de Deus. E, como fosse algo de somenos, o que percebemos são pais que se alegram; amigos que celebram e parabenizam a gravidez fora da aprovação do Céu. As redes sociais se abarrotam dessa vergonhosa ação e já não podemos mais saber quem de fato está convertido ao Senhor ou não no seio da comunidade evangélica. O perdido e aflito pecador não sabe mais a quem recorrer. Essas situações sempre ocorreram na vida da igreja, alguns me afirmam assim. É verdade! Compreendemos, no entanto, nunca como hoje vemos, com tanta normalidade e aceitação. Sem nenhuma manifestação de tristeza pelo pecado cometido. Isso é o que presenciamos hoje. Hoje vemos igrejas se modificando para adequação aos costumes da era pós-moderna, com intuito de atrair as multidões para dentro dos templos, sem ao menos nos importar se estamos sendo agradáveis ao nosso Deus, e muito menos se estamos deixando o Espírito atrair aqueles que Ele quer ao lado d'Ele.

Não devemos ignorar o crescimento das seitas e heresias em nosso tempo, e certamente o crescimento das mesmas se dá pela evidência de que os homens continuam a buscar as cidades de refúgio. Os eleitos de Deus buscam algo que possa satisfazê-los espiritualmente; estes são sedentos de mudança, de salvação e transformação, mesmo quando ainda estão vivendo como joio. O joio só não é capaz de transformar-se a si mesmo. O crescimento dos movimentos de auto-ajuda é uma verdade do que estamos falando, e não existe melhor ajuda que o homem possa receber que seja distante da realidade de encontrar-se com Cristo.

Nossa função de conceder refúgio e levarmos absolvição aos que são perseguidos por Satanás, pelo pecado que "...tenazmente nos assedia..." (Hebreus 12.1, está ineficiente. Não temos oferecido refúgio por não estarmos nos santificando mais e mais, por não estarmos nos separando do próprio mundo em suas concepções carnais e agressivas ao Senhor. Por nos distanciarmos de nossa responsabilidade enquanto igreja de Cristo, enquanto Corpo de Cristo, é que não temos oferecido ao eleito, ainda perdido, o refúgio que ele tanto busca e carece.

O povo de Deus, a igreja de Deus, o Trigo de Deus é o único capaz de transformar eficazmente a sociedade. Somente o povo de Deus conhece de fato a Jesus, portanto é imprescindível que estejamos oferecendo ao mundo aquilo que ele necessita. É preciso que voltemos a ser uma igreja atraente pelo que Cristo faz em nós, pelos efeitos abençoadores de sermos o Trigo de Deus, de sermos o povo santificado do Senhor, povo separado para Deus.

A igreja de Cristo não pode viver alimentando uma visão apenas escatológica, onde sabemos que todos os povos haverão de confessar a Jesus como Senhor. Precisamos restaurar em nossos dias a função da igreja em oferecer refúgio verdadeiro aos povos.

Enquanto dormiam

"Mas enquanto dormiam, veio o inimigo dele, semeou o joio no meio do trigo, e retirou-se". (Mt 13.25)

Qual a importância de que Jesus tenha citado o fato dos homens estarem dormindo no momento da semeadura do joio? Podemos entender que embora Jesus falasse de dormir como descanso, há algo mais a ser compreendido nessa expressão. Podemos crer que existem implicações espirituais nessa citação. Mesmo sabendo que os detalhes não podem alterar o conteúdo do ensinamento das parábolas, devemos considerar que a citação do sono dos homens tem grande significação, considerando a contextualização Bíblica. Na explicação aos discípulos acerca da parábola, nada fora citado que pudesse informar a razão pela qual Jesus fala do sono dos homens. Podemos entender, com certeza, que é apenas uma questão estratégica do escritor, revelando que jamais o inimigo faria tal arte no momento que os trabalhadores do campo pudessem expulsar o intruso. Esta é sem dúvida uma explicação corretíssima!

Busquemos mais uma vez uma abordagem bíblica que nos proporciona aplicação a esse detalhe, dentro da perspectiva de que o Senhor nos tem despertado até o presente momento na leitura das muitas palavras até aqui. Lembremos que o apóstolo Paulo chama a atenção dos irmãos de Éfeso, citando uma passagem do livro de Isaías, a fim de que se despertassem do sono, referindo-se a alguns que estavam contradizendo as práticas pertinentes e próprias aos cristãos: *"Pelo que diz: Desperta, ó tu que dormes, levanta-te de entre os mortos, e Cristo te iluminará" (Efésios 5.14).* Ainda aos irmãos da Tessalônica, Paulo fala da necessidade de que não durmamos, como alguns crentes tem feito. *"Mas, vós, irmãos, não estais em trevas, para que esse dia como ladrão não vos apanhe de surpresa; porquanto, vós todos sois filhos da luz, e filhos do dia; não somos da noite, nem das trevas. Assim, pois, não* ***durmamos*** *como os demais, pelo contrário, vigiemos e sejamos sóbrios. Ora, os que* ***dormem, dormem*** *de noite, e os que se embriagam é de noite que se embriagam. Nós, porém, que somos do dia, sejamos sóbrios, revestindo-vos da couraça da fé e amor, e tomando como capacete, a esperança da salvação; Porque Deus não nos destinou para a ira, mas para alcançar a salvação por meio de nosso Senhor Jesus Cristo, que morreu por nós para que, quer vigiemos,* ***quer durmamos,*** *vivamos em comunhão com ele. Consolai-vos uns aos outros, e edificai-vos reciprocamente, como também estais fazendo".* (I Tessalonicenses 5.4-11). Paulo estava exortando os irmãos a que vivessem uma vida agradável ao Senhor, revelando na prática o que de fato eles eram.

Podemos perceber que o povo de Deus pode ser tomado por uma sonolência espiritual muito perigosa. Essa, por sua vez, permitirá que o Joio se alastre no meio do Trigo, causando imensa confusão, a ponto de não sabermos muito bem quem é quem.

Talvez exista algum ser vivo que cresça da noite para o dia e alcance maturidade, que desconheçamos. No entanto, o joio é uma planta que carece de dias para germinar, crescer e produzir frutos. O Joio fora semeado, e o sono dos homens permitiu que ele crescesse e se tornasse planta adulta, a ponto de se misturar e ser confundido com o trigo. Mesmo que no princípio ele se deixou ser confudível com o trigo, por fortes semelhanças, o tempo que houve de sono se tornou suficiente para que o joio fosse estrategicamente semeado no mesmo campo em que se encontrava o trigo. Quanto tempo se deu entre a criação do homem e da mulher até sua queda? O que ocorreu nesse interregno? É fácil imaginar e crer que houve um tempo de vida do homem e da mulher com Deus antes de pecar e nesse tempo, certamente, Satanás já armava suas estratégias para buscar a destruição do homem, e especialmente de seu relacionamento com Deus, o que aconteceu em um tempo que não podemos afirmar quando, mas podemos ter a segurança que nada fora ao mesmo tempo, como encontramos na narrativa de Gênesis. Se você tomar a narrativa dos acontecimentos, não precisará nem de meia hora para conhecer o ocorrido desde a tentação e queda do homem, conforme registrado nas Escrituras. Certamente que tudo acontecera em um tempo muito superior a meia hora de nossos relógios.

Como hoje vemos, a igreja de Deus tornou-se excelente mercado para aquisição de riquezas de alguns mercadores do evangelho. Em maior frequência vemos igrejas se dividindo a cada nova manhã, por causa de interesses particularizados de líderes cristãos, que deveriam ensinar e viver a unidade que Deus nos tem ensinado e exigido que vivamos, a fim de que o mundo saiba que Ele (Jesus) de fato veio ao mundo: *"Novo mandamento vos dou: que vos ameis uns aos outros. Nisto conhecerão todos que sois meus discípulos: se tiverdes amor uns aos outros"* (João 13.34-35).

Podemos contemplar os escandalosos custos de muitos chamados cantores gospel (que se intitulam convertidos ao Senhor) para realizarem seus shows e se o fazem assim, é porque a igreja os tem aceitado normalmente. Essa é uma atitude que manifesta sonolência espiritual da igreja, dentre muitas outras.

Asseguramos que o estar em plena comunhão com o Senhor, estar vivendo uma vida que lhe seja agradável, estar em continuado esforço para mantermos intimidade relacional com o Espírito Santo, sempre nos proporciona um sono tranquilo. É normal àquele que está em sintonia com a vontade de Deus, fazendo o que Lhe é aprazível, ter sempre um "merecido" repouso, um descanso, um bom sono. Isso é até compreensível, pois a promessa de Deus para nós é exatamente essa segurança de que o Senhor está sempre nos preparando um dia melhor enquanto dormimos. A promessa é de que o Senhor está guardando nossos pertences enquanto descansamos. O Salmo 127 nos registra uma palavra tranquilizante, quando nos afirma que: *"aos seus amados Ele o dá enquanto dormem. (Salmo 127.2).* O contexto do citado texto nos permite ver que, literalmente, se trata da ação providencial de Deus enquanto dormimos. O Senhor está guardando o que nos pertence, bem como guardando nossas vidas enquanto descansamos, e assim Ele o faz por que Ele é o guarda de Israel, e jamais dormita ou dorme: *"Ele não permitirá que os teus pés vacilem; não dormitará aquele que te guarda. É certo que não dormita, nem dorme o guarda de Israel" (Salmo 121.3,)4.* Logo, o sono a que nos reportamos no contexto de nossos argumentos, não se refere ao descanso físico que obtemos por causa de nossa necessidade biológica.

Entendemos que a ação do Espírito Santo em nos lembrar de todas as coisas que Cristo ensinou é uma maneira de nos conservar acordados. Por isso, não cremos que o dormir na parábola seja uma limitação ao estado de sono, ao descanso depois de um dia atarefado. Acreditamos que isto, como verdade absoluta, pode adulterar a palavra do Senhor Jesus, pois, como então haveríamos de confiar que podemos em paz nos deitar, porque estamos seguros pelo Senhor, se sempre que dormirmos, como merecido e necessário descanso, tivermos nossos bens saqueados, nossas vidas dilaceradas? Como podemos confiar e dizer como o Salmista: *"Em paz me deito e logo pego no sono, porque, Senhor, só tu me fazes repousar seguro". (Salmo 4.8)*

Quando o Espírito age em nosso favor, nos convencendo de toda verdade e nos fazendo lembrar tudo quanto temos aprendido de Jesus, Ele está nos mantendo alertas, acordados espiritualmente. Isso nos comprova a necessidade de que sejamos vigilantes, de estarmos sempre acordados e em perfeito relacionamento com o Eterno, atentos aos perigos da negligência, da apostasia, do conformismo que nos levara a aceitar o Joio pacificamente, como algo inerente e inseparável do novo homem, refeito segundo a imagem de Cristo, já que somos erroneamente adequados à ideia de que Joio e trigo crescem confortavelmente no seio da igreja. Aceitar essa afirmativa é uma atitude de sonolência espiritual, pois joio e Trigo crescem juntos no campo, que como já vimos não é a igreja, e sim o mundo. Não pode ser o genuíno crente terreno fértil para crescimento de joio! E isso nos faz mais uma vez compreender a razão pela qual afirmamos que a maior vontade de Deus em relação aos seus filhos, se fundamenta na verdade de que devemos valorizar intensa e prioritariamente a oportunidade de nos relacionar com Ele. Temos todas as razões para não apenas desejar esse relacionamento, mas para valorizá-lo adequadamente, por meio de atitudes que glorifiquem e exaltem nosso Senhor Jesus Cristo.

O acontecimento com Adão e Eva, que culminou na queda por causa da transgressão, pode se aplicar a um momento de sonolência, em que muitas de nossas faculdades estão desligadas, ou ao menos enfraquecidas. Isto pode trazer-nos alguns ensinos importantes quanto ao dormir espiritualmente. Alguns comentários importantes para afirmar a aplicabilidade do quanto é prejudicial nos condicionarmos à dormência espiritual. Inicialmente considero o fato da serpente estar dialogando com Eva, e esta não ter visto nada de anormal. Embora não haja nenhuma referência quanto ao fato, acredito que a serpente não falava (como até hoje não fala), o que não teve importância para Eva. Ao amaldiçoar a serpente, Deus não a privou de falar, como hoje sabemos que ela não fala. Certamente, se falar fosse uma particularidade do animal em foco, Deus teria citado sua mudez como fruto da condenação que lhe pesou; já que a mesma não fala em nossos dias. Não nos esqueçamos de que a Bíblia enfatiza que foi Satanás o enganador que usou a serpente para apresentar-se a Eva: *"Mas receio que, assim como a serpente enganou a Eva com a sua astúcia, assim também seja corrompida a vossa mente e se aparte da simplicidade e pureza devidas a Cristo"; "E não de admirar, porque o próprio Satanás se transforma em anjo de luz"; "E foi expulso o grande dragão, a antiga serpente, que se chama diabo e Satanás, o sedutor de todo o mundo, sim, foi atirado para a terra, e, com ele, os seus anjos"* (2 Coríntios 11.3,14; Apocalipse 12.9). Outra questão se dá no fato da possibilidade de que então a serpente falasse normalmente: Eva não se importou com a verdade de Deus e a mentira da mesma. Palavras foram acrescidas quanto à ordem de Deus. Vejamos: *"Mas da árvore do conhecimento do bem e do mal não comerás, porque, no dia em que dela comerdes certamente morrerás"* (Gênesis 2.17). Esta fora a palavra ordenada por Deus. Agora vejamos o que Eva diz ter sido a afirmação de Deus: "Mas do fruto da árvore que está no meio do jardim, disse Deus: Dele não comereis, nem tocareis nele, para que não morrais" (Gênesis 3.3 – grifo meu). Observemos a palavra de Satanás: *"Então, a serpente disse à mulher: é certo que não morrereis. Porque Deus sabe que no dia em que dele comerdes se vos abrirão os olhos e, como Deus, sereis conhecedores do bem e do mal."* (Gênesis 3.4,5). Cabe um comentário que se encontra na Bíblia de Estudo Genebra: *"A serpente tenta Eva ao: enfatizar a proibição de Deus, e não a sua provisão; reduzir a ordem de Deus a uma pergunta; lançar dúvida quanto à sinceridade de Deus e difamar os seus motivos; negar a realidade das suas ameaças. A mulher gradualmente dá lugar às negações e meias-verdades de Satanás ao menosprezar os seus próprios privilégios; aumentando a proibição ("nem tocareis nele", v.3) e minimizando a ameaça (v.6)".*

No diálogo que se estabeleceu entre Eva e a serpente, podemos observar que ocorrera um deslize na pessoa de Eva. Ela dormiu por um instante e, afirmamos até mesmo, ser este período de diálogo, que não sabemos a duração, podendo ter se estendido em decurso de horas, ou até mesmo dias, o momento oportuno para a semeadura do joio. Mesmo que ainda pensemos em uma aplicação analógica, não estamos ferindo nenhum princípio contextual da palavra em toda a sua extensão.

Apesar de literalmente estarmos acordados, muitas são as possibilidades de dormirmos para as coisas de Deus. E nesses momentos que assim vivemos, nos tornamos mais flexíveis ao convívio do Joio com o Trigo no seio da Igreja. Nesses instantes de sono espiritual, até encontramos prazer na convivência com o Joio sem muitas dificuldades. Esta convivência pacífica promove desgosto ao coração de Deus. Ela se intensifica nos momentos em que desconsideramos o valor da intimidade com Deus, ou não a praticamos devidamente.

Não seria este o sono que tanto tem contribuído para as perversidades e adulterações do cristianismo do século presente? Esse dormir espiritual tem sido tolerável em nosso meio de forma que, convenientemente, em circunstâncias diferentes, nos moldamos ao Joio, e em outras transparecemos ser o Trigo de Deus. A depender de nossos interesses pessoais, agimos como sendo servos autênticos de Jesus e, ao mesmo tempo, nos deixamos ser guiados por anseios pecaminosos que nos distanciam de Deus. Isso, perigosamente tem se relacionado com a conveniência de nosso coração. Ouçamos a advertência de Cristo: *"Vigiai e orai para que não entreis em tentação; o espírito, na verdade, está pronto, mas a carne é fraca". (Mateus 26.41).* Esta é a ordem de Jesus. Se não vigiarmos acordados, dormindo é que não conseguiremos mesmos.

Há uma sonolência explícita na vida da igreja do Senhor Jesus. Basta citarmos a confusão que transparecemos para o mundo, quando revelamos não mais uma identidade absoluta, mas uma pluralidade de adoração e reverência para com o nome de Deus. Nós mesmos, os cristãos, estamos vivendo uma vida que incentiva o escárnio do nome de Deus. Nossa realidade tem revelado uma igreja que tem se deixado ser manipulada pelos poderes políticos. Em muitos dos nossos arraiais temos sabido que o povo de Deus promove aberturas de festas mundanas, em ocasiões chamadas especiais nas cidades onde estão inseridas – micaretas, exposições, solenidades de aniversário de cidades. E ficamos somente na abertura pois, após nossos "shows", o Diabo toma conta e a festa começa de verdade para seus idealizadores. Fazemos papel de "palhaços", somos manipulados e chamamos isso de grande oportunidade para evangelização.

Podemos observar a sonolência do povo de Deus, que carece da formação de encontros denominados como shows, a fim de satisfazerem a "ala jovem de Jesus", que não pode ser diferente da curtição do mundo. É preciso extravasar as energias da mocidade, é o argumento que usamos para defender nossas paixões, nosso medo de fazermos a diferença. Estamos sendo o opróbrio da sociedade, uma vez que não mais sabemos quem de fato nos tornamos. O Reverendo Hernandes Dias Lopes comenta que "o opróbrio da igreja é uma das marcas que revelam a carência de um avivamento no arraial de Deus", e essa é uma verdade absoluta, reinante e preocupante em nossa atualidade. Certamente nosso estado de sonolência está se agravando para acomodar-se ao "comodamente dormirmos".

Nossa sonolência avança quando observamos as conversões faraônicas, que trazem tremendo ibope para a igreja de Jesus. Conversões essas que trazem uma abertura sem precedentes para os conceitos bíblicos imutáveis, que agora são questionados por alguns que afirmam ser necessário romper com as tradições em busca de liberdade de adoração, que nada mais é do que uma farsa para aprisionar os que não têm verdadeiro conhecimento da Palavra de Deus. Inserção de hábitos discrepantes com a Palavra de Deus está acontecendo, por motivo de novos convertidos nesses tempos pós-modernos ditarem a conduta da igreja. Agregamos valores sem nenhuma dignidade, se considerados à luz das Escrituras Sagradas, a saber, a vontade normativa de Deus. Aceitamos novos costumes por uma aculturação diabólica, para atrairmos os que estão perdidos sem Jesus, quando dormimos o sono da comodidade e do relativismo da pós-modernidade. A igreja de Deus tem se tornado o opróbrio da humanidade por estar em profundo sono espiritual.

A Igreja e o Pecado

A relação entre sonolência e atrofia espiritual é muito estreita e perigosa. Ambas possuem a característica de não ocorrer imediatamente, ao contrário, somente são detectadas quando já estão provocando significativo estrago. Sutilmente vão se estabelecendo; sem alvoroços e pressa é que ambas se instalam na vida da igreja do Senhor Jesus. O Diabo é bom estrategista e não age precipitadamente, pois entende que não pode assustar seus adversários. Assustá-los proporcionaria oportunidade de se armarem contra e promoveria o despertar do estado sonolento em que muitos vivem.

Há um explícito estado de sonolência da igreja pós-moderna, quando visualizamos o materialismo que envolve nossos crentes, que em sua maioria assimilam a ideia de que não têm tempo para Deus. Assim, se obrigam a exclusivamente sustentarem seus pastores e os incumbir de todas as atividades do Corpo de Cristo, a saber, a igreja.

Somos ordenados a sair deste estado de sono, pois já há muito tempo fomos comissionados ao trabalho missionário. Tornamo-nos testemunhas do Senhor Jesus Cristo e isto não apenas para dizer que O conhecemos e que Ele tem feito muito bem a nós, mas para torná-Lo devidamente conhecido e adorado por todas as raças, povos e nações.

Cabe-nos uma indagação: Qual a importância do trigo para nós hoje? Qual o valor do mesmo na época de Jesus? Por que a utilização da figura do trigo para destacar os filhos de Deus? Jesus tinha conhecimento, como certamente todos de sua época, da importância do trigo como cereal imprescindível à sobrevivência de toda raça humana, principalmente no contexto da época. Era cultivado em quase todo o mundo conhecido naqueles dias.

Sabemos que Deus estabelece em sua graça comum instituições capazes de controlar as tendências egoísticas da humanidade, e as principais delas são: o estado, a igreja e o lar, casamento e a vida em família. Imaginemos um mundo sem governo algum, uma cidade sem qualquer policiamento, sem normas; famílias sem nenhuma responsabilidade social. Certamente que, se assim vivêssemos, seria um caos total.

Sabemos que a igreja é a mais eficaz instituição na coibição do pecado dos homens. Deus colocou-nos em posição de destaque nessa incumbência de evitar a proliferação do mal, de refrearos atos pecaminosos dos homens contra si mesmos. No entanto, por causa do estarmos dormindo espiritualmente, temos perdido esta nossa característica na sociedade, nos tornando confundíveis entre o santo e o profano, entre o ser de Deus e ou estar com Deus, ser íntimos de Deus, ou simplesmente dizer que Ele é Deus. Às vezes somos vistos como o benéfico trigo, que promove crescimento saudável e outras vezes recebidos como o maléfico joio, que não oferece nenhum proveito à sobrevivência humana. Não temos cumprido nosso papel missionário no mundo que vivemos. O teológo John R. W. Stott, em seu livro intitulado "A mensagem do Sermão do Monte", falando sobre o sal e a luz do mundo, afirma que *"a verdade básica que jaz por trás destas metáforas, sendo comum às duas, é que a igreja e o mundo são comunidades separadas. De um lado está a terra, de outro, "vós" que sois o sal da terra. De um lado está o "mundo", de outro está "vós" que sois a luz do mundo. É verdade que as duas comunidades ("eles" e "vós") estão relacionadas uma com a outra, mas essa relação depende da sua diferença"*. É importante declará-la hoje em dia, quando é teologicamente elegante tornar obscura as fronteiras entre a igreja e o mundo, bem como referir-se a toda humanidade indiscriminadamente como "o povo de Deus".

É relevante a diferença que existe entre igreja e o mundo. Esta diferença nos desafia ao trabalho missionário que temos a desenvolver no mundo que vivemos, no campo de semeadura do Joio, e igualmente o Trigo. Ambos crescem juntos no mesmo campo, mas jamais podem crescer juntos na igreja.

A ação do sal é evitar a deterioração, a putrefação e, por sua vez a luz, dissipa as trevas. E ambos, o sal e a luz, possuem algo em comum na desenvoltura de sua funções: ambos se dão, ambos se gastam. Assim Jesus nos chama a nos darmos em função do seu reino. Como podemos fazer isso, se persistirmos tranquila e perigosamente no nosso "deleitoso" e conformado sono espiritual?

Devemos aprender que Trigo e Joio se diferem quando são utilizados. O trigo é vitalício na alimentação da humanidade e o Joio, para que serve, senão para ser lançado fora?
Relembrar as palavras de John Stott é bem apropriado nesta hora: *"Ninguém pode acusar a carne fresca de deteriorar-se. Ela não pode fazer nada. O ponto importante é: Onde está o sal?"*

A igreja comodamente tem acusado o mundo se deteriorar mais e mais, sem porém estar lhe oferecendo eficazmente o antídoto à putrefação. A igreja por um período em sua história incomodou o mundo por sua perversidade, indagando-lhe sobre sua vergonha. Hoje o mundo está a interrogar e pressionar a igreja quanto à sua postura tão distante da verdade de Jesus Cristo, o Senhor da igreja.

Ser o sal da terra significa mais coragem, ousadia na condenação do mal. O sal arde. Embora criticados como sendo desagradáveis, sabemos ser necessário que assim sejamos, pois a ordem de Cristo não permite que o sal seja insípido, ao contrário, precisa ser forte e cáustico. Se queremos pregar o evangelho e ajudar as pessoas, teremos de ser rudes e esfregar o sal nas feridas, mostrando o outro lado e denunciando o que não está certo, ao mesmo tempo que somos comissionados a apontar também a Luz do mundo, Jesus Cristo: *"O verdadeiro sal é a verdadeira exposição das escrituras, que denuncia todo o mundo e não deixa nada de pé a ser a simples fé em Cristo". (Martinho Lutero)*

O cristão precisa preservar sua semelhança com Cristo para ter eficácia no seu testemunho. Quando dorme o servo, ele se deixa ser influenciado pelo joio, pelas hostes inflamadas do Maligno, deixando-se contaminar pelas impurezas do mundo, assim perdendo a sua capacidade de influenciar. Podemos perceber o dormitar do cristianismo do século XXI ao avaliarmos a operosidade de nossa fé, hoje em sua maioria vinculada aos encontros dominicais que realizamos em nossos suntuosos santuários. Moldamo-nos ao ritualismo do ser crente aos domingos, e especialmente nos horários em que nos encontramos nos templos. E o Senhor nos fala: *"Quando vindes para comparecer perante mim, quem vos requereu o só pisardes os meus átrios?"* (Isaias 1.12).

Dr. Lhoyd Jones afirmou: *"A glória do evangelho é que, quando a igreja é absolutamente diferente do mundo, ela invariavelmente o atrai".* Precisamos considerar o sermos Trigo de Deus, ser de Deus e não apenas estarmos em Deus em concepções desprovidas de uma ortopraxia que se coadune com a ortodoxia Bíblica.

Ainda buscando este despertamento do sono que muitas vezes vivemos, não podemos nos esquecer de que assim como a ação do sal fere, pois aponta sinceramente o pecado, não nos é permitido desassociarmos a ideia de que somos luz do mundo. Para sermos luz é imperativo que vivamos coerentemente com a Palavra de Deus, já que o ser luz nos leva a apontarmos o caminho da solução contra o pecado e seu desastroso efeito. Ser luz do mundo acarreta sobre nós a árdua tarefa de conduzir os que nas trevas estão à maravilhosa luz de Jesus Cristo. Como poderemos ser os condutores dos que estão nas trevas, enquanto dormimos preguiçosamente o sono da conformidade, do materialismo, do relativismo onde sufocamos a absoluta verdade para viver uma tolerância religiosa ecumênica totalmente desaprovada por Deus? Falta-nos maior intimidade no relacionamento com Deus. Nosso relacionamento com Ele é o melhor de Deus reservado a nós nesta vida. Não podemos nos esquecer de tão graciosa verdade. Somos privilegiados por Deus quando chamados e capacitados a um relacionar-nos com Ele, de forma a descobrirmos os seus segredos. Essa é certamente nossa maior falha no decurso de nossa história com Deus. E nesses nossos dias atuais, nada é tão explícito em nossos desvios do que a verdade de que deixamos o melhor de Deus para nós em segundo plano. Não temos aprimorado nosso relacionamento com Deus e nossos filhos estão sendo criados nesse tipo de evangelho pós- moderno, em que o relacionamento com Jesus é superficial; é ´fest-food,'é ´on line` e preferencialmente ´vapt-vupt`.

Somos sal da terra e luz do mundo, e não podemos desassociar essas funções, como que se nos fosse possível optar por ser apenas um ou outro. O mundo precisa de sal, pois está em decomposição, mas o mesmo se encontra em profundas trevas e precisa de luz. Precisamos nos diferenciar em muito do Joio, a fim de que possamos elucidar o caminho da salvação aos perdidos, para que possamos provar ao mundo que existe uma solução para todos os seus problemas.

As palavras de Jesus aos seus discípulos no Sermão do Monte devem penetrar nossa mente de tal modo a que nos despertemos e façamos valer a diferença entre o Trigo e o Joio: *"Porque voz digo que, se a vossa justiça não exceder em muito a dos escribas e fariseus, jamais entrarão no reino dos céus". (Mateus 5.20)*

Não podemos ignorar a verdade de que evangelização para os que se relacionam corretamente com Deus é um estilo de vida e não uma opção. Evangelizar nunca será na vida do homem que valoriza e cultiva perfeito relacionamento com Deus uma opção de vida. Não há como sermos despertados para a evangelização, para o trabalho missionário como testemunhas de Cristo se não acordarmos, se não nos despertarmos da letargia espiritual em que nos encontramos nos dias atuais. Não podemos mais nos conformar com uma vida rasa em nosso estar próximo de Deus.

Temos que nos aprofundar nesse relacionamento, na perspectiva de que estamos desfrutando do melhor de Deus para nós, os seus eleitos. Isso mesmo, o melhor de Deus para seus salvos consiste em que esses valorizem a oportunidade de aprender a ser próximos de Deus.
Tudo isso nos faz entender que somos chamados a um tratamento diferenciado e repulsivo ao pecado. Não pode haver em nós sujeição ao mesmo e, muito menos conformismo. O pecado deve ser algo que combatamos com veemência dia a dia: "Porque o pecado não terá domínio sobre vós; pois não estais debaixo da lei, e sim da graça"; "E não vos conformei com este século, mas transformai-vos pela renovação da vossa mente, para que experimenteis qual seja a boa, agradável e perfeita vontade de Deus" (Romanos 6.14 e 12.2).

A colheita. Quem reina?

Quem reina sobre todas as coisas é Deus – "Venha o teu reino; faça-se a tua vontade, assim na terra como no céu"; " O sétimo anjo tocou a trombeta, e houve no céu grandes vozes, dizendo: O reino do mundo se tornou de nosso Senhor e do seu Cristo, e ele reinará pelos séculos dos séculos"; " esta sentença é por decreto dos vigilantes, e esta ordem, por mandado dos santos; a fim de que conheçam os viventes que o Altíssimo tem domínio sobre o reino dos homens; e o dá a quem, quer e até ao amis humilde dos homens constitui sobre eles"; "Foi-lhe dado domínio, e glória, e o reino, para que os povos, nações e homens de todas as línguas o servissem; o seu domínio é domínio eterno, que não passará; e o seu reino jamais será destruído" (Mateus 6.10; Apocalipse 11.15; Daniel 4.17 e 7.14).
O que ocorre nas descrições bíblicas que definem ser Satanás *"deus deste século"; "príncipe das trevas": "Chegou o momento de ser julgado este mundo, e agora o seu príncipe será expulso"; "nos quais andastes outrora, segundo o curso deste mundo, segundo o* ***príncipe*** *da potestade do ar, do espirito que agora atua nos filhos da desobediência"; "nos quais o* ***deus deste século*** *cegou o entendimento dos incrédulos, para que não lhe resplandeça a luz do evangelho da glória de Cristo, o qual é a imagem de Deus"* (João 12.31; Efésios 2.2; 2 Coríntios 4.4 – grifo meu)? Satanás nunca pode ser considerado igual ou semelhante a Deus em poder, majestade e força. As narrativas das Escrituras acerca de Satanás nos esclarecem, sem nenhuma sombra de dúvidas, que ele é um ser caído. Por meio da Bíblia observamos que o próprio "reinado" de Satanás nesse mundo está totalmente limitado ao querer de Deus. Logo, Satanás não reina nesse e em nenhum mundo que conheçamos. Nem mesmo no inferno o Diabo será soberano. Soberano só existe um, a saber, Jesus Cristo.

Quando muitos falam do crescimento do Trigo e do Joio no seio da igreja, admitem a necessidade disto para que no dia da colheita final Deus separe ambos, dando-lhes o devido lugar em todo o Reino de Deus. E quando falo de todo Reino de Deus afirmo que mesmo após a consumação da história e a plena redenção da igreja, Deus continuara a ser Senhor absoluto até sobre o inferno.

Não há nenhuma dificuldade em provarmos que Deus estabeleceu um dia para dar cabo à história que hoje vivemos. Deus reservou, segundo o beneplácito de sua vontade, um dia de sua exclusiva autonomia para finalizar a história da igreja, dos remidos neste estágio em que nos encontramos: *"porquanto estabeleceu um dia em que há de julgar o mundo com justiça, por meio de um varão que destinou e acreditou diante de todos, ressuscitando-o dentre os mortos"* (Atos 17.31). Creio também que este dia será definitivamente o dia em que o Joio será eternamente lançado no inferno, preparado para Satanás e seus anjos. Já discorremos sobre tal verdade anteriormente.
Este será o dia em que o Trigo de Deus será recolhido no celeiro celestial. Será o dia em que os filhos de Deus entrarão no gozo eterno da presença de Deus. O dia em que os salvos se verão livres para todo o sempre dos malefícios do pecado. No entanto, a pergunta é: onde encontramos afirmativa de que Jesus Cristo fará a colheita na igreja? Muitos são os textos bíblicos que nos esclarecem a existência do dia do juízo, mas não me lembro de um sequer que nos revele esta ideia de colheita na igreja. A Bíblia nos afirma que no dia da volta de Cristo, todos os homens se farão presentes. Todos, indistintamente. Os que mortos foram e os que vivos estiverem se apresentarão ante o tribunal de Deus. Os que morreram salvos em Cristo e também os que não se salvarem por negá-lo enquanto aqui viveram.

Interessante observarmos que não há nenhuma descrição bíblica de que teremos no momento da aparição de todos perante CRISTO grupos distintos. Não haverá distinção antes que se dê o julgamento. Todos estarão diante do mesmo tribunal, na mesma condição, e somente após a palavra de Cristo é que teremos os salvos à direita de Deus e os não salvos à esquerda, lançados para o inferno. Seremos uma grande multidão diante do Senhor Jesus, sem nenhum rótulo denominacional. Não haverá lista de chamadas dos Presbiterianos, dos Assembleianos, dos Batistas e etc. Haveremos de estar presentes, colocados ante o julgamento de Deus: *"Como está escrito: Por minha vida, diz o Senhor, diante de mim se dobrará todo joelho, e toda língua dará louvores a Deus. Assim, pois, cada um de nós dará contas de si mesmo a Deus"* (Romanos 14.11-12).

Como então considerar a ideia de que Cristo haverá de realizar uma colheita no seio da igreja? Sabemos que Trigo e Joio quando crescidos, amadurecidos, apresentam suas características próprias, sendo distinguíveis um do outro. Sabemos que o Trigo apresenta seu fruto quando amadurecido, e qual é o fruto do Joio? Pelo tempo de existência da igreja do Senhor Jesus, não deveríamos hoje apresentar maturidade? Não temos a obrigação de estar evidenciando esta maturidade na prática? Ao nos depararmos com a história do Cristianismo entenderemos que, em algumas épocas, a igreja se manifestou madura e foi capaz de marcar beneficamente a humanidade. Também veremos que em muitas outras circunstâncias a Igreja se deixou ser influenciada pelas trevas.
Nos momentos em que a igreja manifestou maturidade espiritual, enfrentou o mundo e não se acovardou ante as ameaças do inferno: *"Então, Pedro e os demais*

apóstolos afirmaram: Antes importa obedecer a Deus do que aos homens" (Atos 5.29). A igreja transtornou o mundo ao seu redor. Nesses períodos observamos uma farta colheita da igreja. Podemos tomar como exemplo o nascedouro da igreja registrado no Livro dos Atos dos Apóstolos. No primeiro instante tivemos um acréscimo dos salvos em quase três mil pessoas. Depois já quase cinco mil, e daí para frente a igreja nunca parou de crescer.

A igreja de Deus, instalada e preservada no mundo, tem sob sua responsabilidade (bem como está capacitada pela ação do Espírito Santo), a execução do início da colheita, processo que já está em pleno desenvolvimento desde a vinda de Jesus Cristo ao mundo, e especialmente quando Ele completou a obra de redenção dos eleitos, ao ser morto na cruz e ter ressuscitado ao terceiro dia. A igreja vem fazendo isto pois, sabemos perfeitamente que os eleitos de Deus têm se achegado a ela como instituição divina, mesmo que esta esteja falhando em suas responsabilidades. Acredito que essas falhas, inclusive o modo como nos relacionamos com Deus, retardam o processo da colheita que devemos realizar, sabendo nós que é o Próprio Deus em nós cumprindo sua Palavra.
Quando nos reportamos aos registros Sagrados, encontramos uma igreja que crescia quando os discípulos pregavam a palavra; quando a igreja estava cônscia de seu papel no mundo, Deus acrescentava os que iam sendo salvos. Todos os tempos que temos registro de uma igreja consciente da importância de manter um correto e intimo relacionamento com o Espírito Santo de Deus, temos a verdade de uma farta colheita no campo em que nos encontramos semeados juntos ao joio.

A colheita do Trigo, que tem sido sufocado pelo Joio, é algo que o povo de Deus precisa realizar; embora saibamos que a ação salvadora é da exclusividade do Espírito Santo, não podemos ignorar a única resposta cabível à indagação: por meio de quem o Espírito Santo executa a obra de pregação do evangelho? Por meio da igreja. Esta é a regra divina. Quando a igreja se omite é penalizada, disciplinada por Deus. A igreja é o instrumento de Deus para o alcance dos eleitos ainda não salvos, e esse processo se dá quando ela cumpre seu papel coletiva e individualmente. Em todo tempo e em todo lugar a igreja precisa ser o sal da terra e a luz do mundo.

Somos conscientes das deficiências que possuímos como de Corpo Cristo, como Igreja de Jesus. Podemos afirmar que estamos enfermos, em contínuo tratamento pelo Senhor, onde estamos sendo aperfeiçoados. Esse tratamento nos proporciona distinção entre os que são de Deus e estão próximos d'Ele, pois os que assim vivem aceitam e buscam ser tratados por Deus. Logo, o Espírito Santo nos habilita a cada novo dia a provocarmos a separação do que é santo daquilo que é profano e não pode ser assimilado normalmente no viver diário da igreja. A colheita está sendo automaticamente realizada na existência da igreja.

Notemos e entendamos a verdade de que estamos vivendo um período de notória e cruel depreciação do verdadeiro evangelho, exatamente por não estarmos nos conscientizando de que o Trigo e o Joio não podem ocupar o mesmo espaço ao mesmo tempo, portanto não podemos assimilar pacificamente a ideia de que ambos crescem juntos na igreja. A igreja precisa ser, a cada novo amanhecer de sua história nesse mundo, mais igreja, e o Joio deverá ser momento após momento mais Joio: *"Continue o injusto fazendo injustiça, continue o imundo ainda sendo imundo; o justo continue na prática da justiça, e o santo continue a santificar-se"* (Apocalipse 22.11).

Tenhamos convicção de que a volta do Senhor Jesus será para realização efetiva e consumadora da história humana, onde então os salvos serão eternamente salvos e os condenados serão eternamente condenados. Não precisará mais ser executada a colheita, já realizada pela igreja no decurso de sua existência e no cumprimento de suas responsabilidades como Trigo de Deus, como povo chegado ao Senhor e do Senhor. A Bíblia nos assegura que Jesus virá como Juiz. O juiz executará a sentença que já está decretada aos salvos e não salvos. Ao Trigo e ao Joio, aos íntimos e aos distantes de Deus.

A igreja já está no mundo para ser instrumento de Deus no exercício da salvação dos eleitos, que já foram selecionados por Deus à salvação. O papel da igreja é imprescindível para que o eleito ainda perdido seja despertado do sono espiritual que dorme. Esse despertamento lhe causará uma única decisão de voltar-se a Deus e viver como Ele requer que seus filhos, que seus felizes servos e ainda seus diletos adoradores vivam. Essa é a explícita colheita que a igreja tem a função de executar em seu propósito existencial aqui na terra, pois não haverá na eternidade uma igreja como a que temos hoje. Não haverá mais necessidade de que estejamos pregando o evangelho aos homens. Lembremo-nos disso.

Santificação para a Colheita

O processo pelo qual a igreja executa sua responsabilidade na colheita se dá pelo exercício da santificação, que inevitavelmente dirige a igreja ao caminho da intimidade com Deus, tornando-a uma igreja de oração, como também estudiosa da Palavra de Deus. Sabemos que a santificação tem como alvo tornar a igreja como Cristo a tornou na eternidade, "sem mácula e sem defeito". *"Maridos, amai vossa mulher, como também Cristo amou a igreja e a si mesmo se entregou por ela, para que a santificasse, tendo-a purificado por meio da lavagem de água pela palavra, para a apresentar a si mesmo igreja gloriosa, sem mácula, nem ruga, nem coisa semelhante, porém santa e sem defeito"* (Efésios 5.25-27).

Não estamos iludidos pensando que a santificação se dará eficazmente nessa vida, porém entendemos perfeitamente que a mesma quando perseguida, e vivenciada pela igreja provoca reações importantíssimas tanto no que é Trigo como também no que é Joio. Jamais podemos conceber a ideia de que um correto relacionamento com Deus não provoque na vida de quem o cultiva, gigantesca diferença para com os que não vivem assim.

É impossível que o Joio se familiarize pacificamente, sem sofrer qualquer confronto com o Trigo no contexto eclesiástico. Como plantas comuns podemos até compreender a relação, no entanto, ainda como plantas as diferenças se aperfeiçoam quando ambas amadurecem. O trigo ao alcançar maturidade e produzir o seu fruto, se curva pelo peso do fruto. O joio persevera em sua auto-suficiência e continua enrijecido e altivo.

Uma igreja santificada jamais será uma instituição desconsiderada por Satanás, pois santificada, a igreja é fortíssimo obstáculo ao seu processo de semeadura que, como já vimos, se dá no mesmo campo onde está semeado o Trigo. Compreendemos perfeitamente que a santificação não impede a semeadura do Joio, a entrada do mesmo no seio da instituição eclesiástica, agora falo como que uma organização estabelecida, a que também denominamos igreja. Mas a reação que o mesmo terá no meio deste Trigal, junto à igreja santificada, será de transformação total de sua natureza "Joista" (termo meu), ou uma inevitável repulsa e fuga à convivência com o Trigo. Isto faz a diferença no processo da colheita. Esta é, sem dúvida alguma, a real diferença ao pensarmos em Trigo e Joio no âmbito eclesiológico. Se a igreja valoriza e cultiva corretamente seu relacionamento intimo com o Eterno, naturalmente ela provocará uma das duas reações citadas anteriormente, nunca uma terceira de conivência, quando for confrontada com o joio, com aqueles que não valorizam e nem mesmo cultivam tal relacionamento.

Não podemos ignorar a verdade de Jesus quanto à sua igreja, diante das portas do inferno. Somos assegurados de que este não prevalecerá contra a mesma: *"Respondendo Simão Pedro, disse: Tu és o Cristo, o Filho do Deus vivo. Então, Jesus lhe afirmou: Bem-aventurado és, Simão Barjonas, porque não foi carne e sangue que to revelaram, mas meu Pai, que está no céus. Também eu te digo que tu és Pedro, e sobre esta pedra edificarei a minha igreja, e as portas do inferno não prevalecerão contra ela"* (Mateus 16.16-18) Logo, a colheita está assegurada, e será eficaz quando a igreja eficazmente relacionar-se com o Eterno. Conscientizemo-nos de que somos responsáveis por promover um confronto àqueles que vivem como joio, quando estiverem próximos de nós. Quando a sociedade se depara com a igreja de Deus, deve inevitavelmente tomar uma decisão por uma das duas alternativas que lhe são expostas por meio da igreja. Lembremo-nos que jamais uma terceira opção, que levará alguém a viver como joio e trigo amigavelmente. A alternativa de se deixar ser transformada de joio a trigo, ou a cônscia e visível decisão de não querer ser transformada pelo poder de Deus, uma rejeição ou uma aceitação, promoverá a colheita que o Senhor Jesus já está realizando por meio de Seu Espírito, através da sua igreja. A questão é que como igreja, não estamos realizando nossa função, adequadamente, no processo, isso por acreditarmos que a colheita não é de nossa responsabilidade. E, quando assim pensamos, não erramos totalmente, pois sabemos que o Espírito é quem se responsabiliza a convencer o homem do pecado, e consequentemente convertê-lo ao Senhor Jesus Cristo. Porém, somos comissionados pelo Próprio a que nos tornemos testemunhas de Cristo, a fim de alcançarmos os então eleitos de Deus à salvação. Então erramos quando nos esquivamos de viver nosso perfeito relacionamento com Deus e nos mostramos fracos na fé, deixando as portas abertas para que o pecado se prolifere assustadoramente em nosso meio, o que tem causado grande prejuízo ao evangelho, por não mais sermos distinguidos pelo nosso modo de viver e ser.

Com tudo isso podemos observar que a santificação, que aprimora nosso relacionamento com Deus, tem sido desvalorizada no seio da igreja, e esta vem se deixando ser conivente com a ideia de que trigo e joio deverão crescer juntos em seu âmbito. Jesus não desejou, nem mesmo nos ensinou isso, quando falou na parábola que Mateus registrou em sua narrativa do evangelho. Em seu contexto maior, a Bíblia nos permite afirmar que Jesus está realizando a colheita nesses últimos dias que se instalaram com o advento de sua encarnação, que nos trouxe a vida, morte e ressurreição de nosso Senhor para inaugurar os últimos dias da igreja nesse mundo decaído por causa do pecado. Não nos é permitido analisar de outra forma quando observamos o contexto maior das Escrituras Sagradas. Não há como entendermos que a responsabilidade da colheita está reservada ao Senhor Jesus em sua volta para o arrebatamento imediato de sua igreja.

A igreja por si mesma não é capaz de exercer juízo sobre o mundo. A igreja não pode por si própria eliminar o Joio. Assim entendemos que a parábola nos fala de que os homens não deveriam sair a eliminar o joio do meio da plantação, pois não eram capazes dessa tarefa. Daí insistir na necessidade de que a igreja se santifique intensamente, pois, esse é o caminho para a ação do Espírito Santo. A santificação da igreja proporciona maior ação de Deus por meio da mesma, e não caberá ao Joio se sentir à vontade no meio do Trigal, enquanto a igreja é santa ao Senhor. Trigo e Joio podem continuar crescendo juntos no mundo, no campo, mas na igreja jamais...

Nós enquanto, igreja de Deus, não podemos permitir que sejamos confundidos com o joio. Minha vida não pode manifestar a força de Deus enquanto manifesta igualmente a venenosidade do joio. Não podemos nos dar ao capricho de que, ao mesmo tempo em que somos de Deus, enquanto cultivamos amizade com o Senhor, também cultivemos pacificamente, sem nenhuma resistência, a amizade com o mundo: *"Infiéis, não compreendeis que a amizade do mundo é inimiga de Deus? Aquele, pois, que quiser ser amigo do mundo constitui-se inimigo de Deus"* (Tiago 4.4).

O joio estará sendo constantemente confrontado pela igreja, e os que então forem eleitos de Deus à salvação, serão alcançados pelo poder de Deus por meio da igreja. Esse processo nos faz compreender que a colheita já está sendo executada, pois na vinda de Jesus o que ouviremos será a declaração da sentença que já foi estabelecida. Quem não creu já está julgado e condenado, e quem creu está salvo: *"Porque Deus amou ao mundo de tal maneira que deu o seu Filho Unigênito, para que todo o que nele crê não pereça, mas tenha a vida eterna. Porquanto Deus enviou o seu Filho ao mundo, não para que julgasse o mundo, mas para que o mundo fosse salvo por Ele. Quem nele crê não é julgado; o que não crê já está julgado, porquanto não crê no nome do unigênito Filho de Deus"* (João 3.16-18). Não haverá julgamento para salvação ou condenação na volta do Eterno Juiz. Haverá um momento particular e abençoador aos que foram alcançados e entenderam a verdade da operosidade da fé, para distribuição de galardões: *"Contudo, se o que alguém edifica sobre o fundamento é ouro, prata, pedras preciosas, madeira, feno, palha, manifesta se tornará a obra de cada um; pois o Dia a demonstrará, porque está sendo revelada pelo fogo; e qual seja a obra de cada um o próprio fogo o provará. Se permanecer a obra de alguém que sobre o fundamento edificou, esse receberá galardão; se a obra de alguém se queimar sofrerá ele dano; mas esse mesmo será salvo, todavia, como que através do fogo"* (1 Coríntios 3.12-15). Não são poucas as afirmativas de Jesus acerca da recompensa pelos atos de cada um no Dia do Juízo Final: "Eis que venho sem demora, e comigo está o galardão que tenho para retribuir a cada um segundo as suas obras" (Apocalipse 22.12). Não haverá no Dia do Senhor um momento de julgamento para saber-se sobre quem será salvo e quem não será. O que ocorrerá será sentenciamento dos que já estão salvos e os que não estão. A separação já ocorreu no próprio relacionamento da igreja com o Senhor no decurso de sua história. Todos os que então viveram esta vida sob a graça de Deus, e tudo fizeram para manter seu relacionamento com o Pai por meio do Filho na iluminação e capacitação do Espírito, estarão sendo galardoados por seus esforços e sua dedicação à causa do Senhor. Não nos esqueçamos que a salvação não é um galardão, mas sim um dom exclusivo de Deus. Os que não se importaram por manter seu relacionamento com Deus, nem mesmo experimentarão tal julgamento de suas obras, mas serão instantaneamente lançados no lago de fogo e enxofre, a saber, no inferno, juntamente com Satanás e seus anjos condenados. Onde se processa a colheita, senão no desenrolar da história de Deus com seu povo, com o povo que lhe é chegado e mantém correto relacionamento com Ele?

Concluindo nosso pensamento sobre a colheita, ressaltamos a importância de considerarmos o governo soberano de Deus sobre todas as coisas e sobre todos, inclusive o inferno. Isso se faz imprescindível para que entendamos sobre a colheita de Deus no campo em que foram semeados o joio e o trigo. Deus reina soberanamente e está dando à sua igreja a riquíssima e inigualável oportunidade ser o instrumento pelo qual Ele está exercendo Sua soberana vontade na salvação dos homens a quem Ele mesmo elegeu para a salvação, antes da fundação do mundo. E ao mesmo tempo que privilegiou esta igreja, o Senhor a responsabilizou pelo exercício da colheita que está sendo executada desde a era inaugural do Reino de Deus no meio de nós, no advento do nascimento, vida, morte, ressurreição e ascensão do Senhor Jesus Cristo.

O que faremos com a Bíblia?

"Se vivêssemos a Bíblia, e tão somente a Bíblia, o mundo certamente seria muito melhor" (Wélio Wilson de Oliveira Freitas). Somos capazes de crer nessa verdade, e certamente estamos desejosos de vê-la se cumprindo!

Sabemos que podemos e devemos ser uma igreja vibrante, atuante e marcante em nossa sociedade, ao observarmos as cartas enviadas às sete igrejas da Ásia, registradas no livro de APOCALIPSE, perceberemos que Jesus Cristo deixou suas advertências quanto ao estado em que viviam e ao modo que Ele desejava que elas vivessem. Em todas as revelações de Jesus àquelas igrejas, a vida que Ele salientou ser necessária viver, não se daria no céu, mas no mundo; e mesmo diante de grandes obstáculos que os irmãos estavam enfrentando, o Senhor lhes fala de como deveriam viver para ser a igreja de Cristo, para manifestar o perfeito relacionamento com Deus.

Uma das grandes preocupações de nossos dias é o surgimento de muita coisa "denorex", pois até parece que é algo proveniente do mover de Deus, no entanto não o é. Temos visto um avolumar das fileiras de movimentos puramente humanistas na divulgação de um evangelho utilitarista e enlatado para maior praticidade de seus consumidores. Músicas que manifestam uma exclusividade ao bem estar do homem; louvores que se consagram por trazer uma motivação cristã fundamentada unicamente na capacidade de Deus em promover o bem estar do homem, um mercado gospel alucinado pelos altos custos para a condução dos então chamados "Shows Gospel" – nem sabemos o que é de fato a música gospel. Enriquecimento de muitos às custas do intitulado mover de Deus em nossa nação; ações capitalistas e lucrativas nitidamente descaracterizadas pela Verdade do Eterno sobre o derramar de Seu Espírito sobre uma nação.

Ao compararmos o crescimento dos evangélicos com outros segmentos espirituais e espiritualistas, observaremos que ainda somos o que menos cresce. Neste contexto apresento uma pertinente indagação à nós, o povo de Deus: tais pessoas que buscam essas correntes espirituais, buscam-nas por qual razão? São todas essas pessoas "filhos da ira de Deus" e têm que realmente ir para o inferno? Posso até imaginar que nos é cômodo responder afirmativamente a última pergunta, nos isentando de quaisquer responsabilidades sobre as pessoas.

O que acreditamos ser a mais pura verdade é que existe muito Trigo espalhado no mesmo campo do Joio, que anseia por uma transformação total. Existe muito Trigo contaminado que quer se ver livre das influências "joistas". A procura pelo caminho que lhes promova libertação está obscurecida, por causa de nossa visão cristã pós moderna, onde as filosofias do *"tem a nada a ver"; "mas todo mundo hoje faz", ou "eu acho que deve ser assim, e assim eu faço",* tem sido obstáculos que oferecemos aos sem Cristo. Alguém já disse no passado acerca do nosso cristianismo: *"No Cristo que vocês pregam, bem como nos seus ensinamentos eu creio, mas no cristianismo que vocês vivem não posso crer jamais"* (Ghandi). Essa é a visão que temos deixado a muitos que nos vêm quando estão necessitados de Jesus Cristo, de Deus. Quando os homens buscam a paz, se empenham por se encontrarem espiritualmente, não têm conseguido chegar a Jesus, muitas vezes, por nossa causa.

Essa triste realidade ocorre em nossos dias por nos posicionarmos favoráveis ao achismo, vivemos dias em que a maioria dos cristãos intitulados evangélicos, não têm o mínimo de conhecimento das verdades de Deus e se orientam pela incerteza do que é, e o que não é puramente a verdade de Deus. Não temos certeza de nada e então vivemos como se não houvesse uma Regra de Fé e prática para o povo de Deus se conduzir.

Nossa posição ante situações contextuais do século presente tem nos feito esquecer da palavra Paulina quanto à licitude de todas as coisas, porém da inconveniência de muitas destas: *"Todas as coisas me são lícitas, mas nem todas convêm. Todas as coisas me são lícitas, mas eu não me deixarei me dominar por nenhuma delas"; "E por isso, se a comida serve de escândalo a meu irmão, nunca mais comerei carne, para que não venha a escandaliza-lo"; "Todas as coisas são lícitas, mas nem todas convêm; todas são lícitas, mas nem todas edificam" (1 Coríntios 6.12; 8.13; 10.23).* Somos responsáveis por analisar a repercussão de todas as nossas atitudes na mente dos outros, não por causa de nós mesmos, mas por razão dos mais fracos; por razão do Trigo totalmente corrompido, que chega a imaginar-se irremediavelmente Joio. Este está completamente debilitado e precisa muitíssimo da nossa atuação para sua libertação.

Quando nos deparamos com as concepções que a grande maioria de nossos jovens hoje têm acerca da vida sexual, isso nos faz pensar que tipo de Bíblia eles lêem. Diante do que vemos na prática, o pecado da fornicação não mais existe. O dar-se em casamento e também separar-se não está mais condicionado à vontade de Deus, já que pouco importa se o rapaz ou a moça tem o Senhor Jesus como único Senhor de sua vida. O importante é que podemos e devemos ser felizes, sem nos importar com o meio para alcançar tal felicidade. A Bíblia deixou de ser taxativa, mas relativizada à paixão do coração. Os meios de comunicação compostos por redes sociais se abarrotam de perversas palavras, que já não mais ofendem os ouvidos dos evangélicos que as digitam. Familiares, em alguns casos os pais, até avós denominados cristãos evangélicos se deleitam em pronunciar compreensão de que "não tem nada a ver" o comportamento de seus jovens e não consideram o escândalo que tudo isso gera, e se enervam com a possível liderança que lhe traz contrariedade. Isso e muito mais ocorre em nosso meio por haver uma ampla aceitação e difusão do conformismo. Os tempos são outros, é o que afirmam os defensores de uma vida cristã regada às incoerências e discrepâncias com a Palavra de Deus.

Obviamente que não afirmamos a ideia de que não estamos sujeitos à queda. Qual de nós ousaria afirmar tal absurdo? O que aqui enfatizamos é a forma conivente e tranquila como os crentes tratam os pecados. O pecador precisa sempre de nosso amor e compreensão, sem que haja concordância e conivência com o pecado. Como igreja, precisamos aprender muito sobre o amparo e acolhida correta ao pecador, como fizera Jesus conosco, afinal "quem não tem pecados, que atire a primeira pedra": "Aquele que dentre vós estiver sem pecado seja o primeiro que lhe atire pedra" (João 8.7b).

Diagnosticamos nossos dias pela superficialidade como tratamos a Bíblia. Nossa atualidade manifesta uma verdadeira apatia, uma enorme indiferença à Bíblia. Quando relativizamos quase todas as coisas, e concebemos novos conceitos para o cristianismo que vão além do que a Revelação de Deus nos fala vivemos uma realidade que gera desconfiança no evangelho que afirmamos ser a perfeita, boa e agradável vontade de Deus.

A nítida sensação que alcançamos ao analisar essa realidade é de que estamos receosos de viver o que a Bíblia determina que vivamos, e isso certamente é fruto de um relacionamento incorreto com Deus. Falamos anteriormente em várias oportunidades de relacionamento correto com Deus, e em alguns casos usamos a expressão de relacionamento perfeito com Deus; agora citamos o relacionamento incorreto com Deus e, ao nos posicionarmos assim, estamos assegurando a existência de todos esses relacionamentos. Portanto, se faz necessário entender a diferença de tais relacionamentos de modo que possamos nos avaliar: *"Examinai-vos a vós mesmos se realmente estais na fé; provai-vos a vós mesmos. Ou não reconheceis que Jesus Cristo está em vós? Se não é que já estais reprovados" (2 Coríntios 13.5).*

Quando pensamos em relacionamento correto com Deus e o defendemos como sendo o maior anseio do coração de Deus para nós, os seus filhos, estamos pensando em algo que nos leva a uma incontida busca pela presença de Deus, especialmente pelo que Ele é, por tudo que Ele representa em nossa existência. Nesse caso, abolimos a ideia de buscá-lo por aquilo que Ele pode fazer por nós. Quando focamos as muitas denominações que surgem hoje a cada novo dia em nossa nação, teremos a visão de que a grande maioria destas se intitula "igrejas pentecostais, e comunidades evangélicas". O que não nos traria nenhuma estranheza, se de fato as mesmas fossem formadas na visão pentecostal do Dia de Pentecostes, como registrado em Atos dos Apóstolos. A questão que nos envolve de forma preocupante é que a expressão PENTECOSTAL está em sua totalidade substituindo a terminologia "Evangélica", e mais grave ainda a intitulação "Protestante"que fora marco na vida da igreja de Jesus na face da terra por um bom tempo de sua existência. Entendamos melhor a questão: o que estamos presenciando em nossos dias, nesse alvoroçado surgimento de tantas novas denominações, se dá na perspectiva a que elas surgem. Quando se estampa a titularidade pentecostal, na sua quase totalidade podemos constatar o desejo de seus líderes em destacar a manifestação dos dons extraordinários de Deus como primícia da nova igreja. A manifestação dos dons citados está acima até mesmo da revelação Bíblica, podendo nesse caso ter a mesma validade que a Bíblia no relacionamento que se estabelece com Deus. Em contrapartida, quando encontramos a ideia de comunidade, podemos constatar a visão de um "tudo diferente"; de um tudo mais ao seu jeito e fora dos padrões que se conhecem. O maior perigo aqui é que a ênfase do relacionamento com Deus está na oportunidade de sua experiência com Deus, a despeito dos fundamentos da fé que você professa ter n'Ele, sempre quando se alcança resultados almejados. Não há nenhuma preocupação em como se obteve o resultado, o importante é que ele veio como você desejou.

Não afirmamos que buscar a Deus corretamente nos exime de qualquer experimento de sua graça que vá além da paz de espírito que experimentamos na presença de Deus. Sabemos perfeitamente que Deus pode e faz muito mais por nós. Faz mais do que pedimos, sonhamos e especialmente esperamos: *"Ora, àquele que é poderoso para fazer infinitamente mais do que tudo que pedimos ou pensamos, conforme o seu poder que opera em nós, a ele seja a glória, na igreja e em Cristo Jesus, por todas as gerações, para todo o sempre. Amém!* (Filipenses 3.20-21). O que nos é cabível compreender como correto relacionamento com Deus se dá na verdade de que estamos ansiosos pela Sua presença; lutamos por permanecer aprovados diante d'Ele, inicialmente por entendermos quem de fato é o Senhor. Nos apercebemos que não se trata apenas de um Deus que cuida de seus filhos; não se trata só do Senhor que nos salvou da condenação do inferno; não se limita à ideia de ser o Deus provedor, mas antes de tudo a visão está centrada na verdade de que Ele é SENHOR. Absolutamente Deus é digno de ser adorado; honrado e reverenciado por Sua Santidade e perfeição. Enfim, nosso correto relacionamento com Deus principia na certeza que possuo em meu coração de que Deus é simples e unicamente O Deus. Quando esta certeza invade minha alma estou pronto a ter um correto relacionamento com Ele. E, estejamos certos, esta é a maior vontade de Deus para nossas vidas. Deus tem a santidade como desejo maior para nossa existência, segundo a Bíblia. Em todas suas páginas revelacionais do querer de Deus para nós, encontramos respaldo para tal afirmação; como podemos ser santos se não houver correto relacionamento com Jesus Cristo? Este relacionamento nasce quando então somos curados pelo poder de Deus e abrimos nossos olhos para contemplar a Sua majestade. Isso pó sua vez, nos impulsiona à adoração que lhe é devida, antes mesmo que possamos contemplar suas misericórdias para conosco. Esse é o correto relacionamento com Deus. Este é o relacionamento que Deus quer que tenhamos com Ele já aqui nessa terra, para que haja continuidade por toda a eternidade que teremos com Ele.

Pensemos então no que afirmamos ser um relacionamento incorreto com Deus, sendo este talvez o mais usado hoje em nossos dias pela maioria dos intitulados cristãos. Talvez possamos concluir precipitadamente que perceber a diferença entre o correto e o incorreto relacionamento com Deus é fácil, não nos exige muito raciocínio. Bem, podemos até pressupor que seja verdade esse pensamento, no entanto a situação requer um pouco mais de nós. Relacionar-se com Deus tem sido o foco de toda a comunidade cristã evangélica de hoje; creiamos que, em todos os tempos, esse fora certamente o maior anseio de todos os filhos de Deus. Contudo, o que podemos citar como busca da presença de Deus em nossos atuais tempos se resume na ideia do quanto Deus pode e quer fazer por todos os homens. A maioria dos cristãos estão se relacionando com Deus na perspectiva de que todas suas necessidades serão supridas, na esperança de que o tesouro agregado à sua mísera passagem nesta vida estará seguro, enquanto houver disposição de agradar a Deus. E agrada-Lo, tem sido a ênfase nos relacionamentos que buscam a proteção divina; o amparo e cumprimento das ricas promessas de prosperidade. Para entendermos um pouco mais sobre o assunto em pauta, pensemos na indagação: existe alguma diferença entre "agrada-te do Senhor" e/ ou "agrada ao Senhor?" Óbvio! Podemos todos afirmar. Exatamente na diferença entre "do Senhor" que aprendemos como os relacionamentos com Deus são incorretos. Quando agradamo-nos do Senhor, o relacionamento parte do princípio que Deus determina e eu realizo, ainda que tal vontade não me seja agradável. Mas como estamos buscando a Deus sinceramente, aprendemos anular os anseios pecaminosos de nosso coração e subjugá-lo à *"perfeita, boa e agradável vontade de Deus"*. A busca pela presença de Deus pode até proporcionar manifestações de sua graça e misericórdia para conosco, no entanto, antes que elas ocorram, e até mesmo quando elas não se fazem presente, nós não arredamos o pé de segui-lo segundo o seu querer.

Quantos hoje estão em busca de agradar a Deus com um relacionamento firmado em ritualismo religioso, onde se pretende agradar a Deus com sacrifícios tolos tais, como simplesmente ser um dos que lhe afirmam adoração enclausurada aos encontros dominicais? Quantos não são os que buscam a Deus no domingo, por desejar e necessitar de uma segunda, terça, quarta e tantos outros dias da semana abençoados? Quantos não vivem hoje na convicção de que dando dez a Deus, estão assegurados de receber cem? Quantos vêm e permanecem, ao seu modo, por tempos na presença de Deus sem nenhuma disposição de chorar, prantear e confessar suas mazelas para alcançar o perdão necessário para recomeçar um novo tempo existencial? Esses relacionamentos são incorretos e perigosos, pois suscitam a ira de Deus sobre todo aquele que assim o faz: *"De que me serve a mim a multidão de vossos sacrifícios? – diz o Senhor. Estou farto dos holocaustos de carneiros e da gordura de animais cevados e não me agrado do sangue de novilhos, nem de cordeiros, nem de bodes. Quando vindes para compareceres perante mim, quem vos requereu o só pisardes os meus átrios?... "Se quiserdes e em ouvirdes, comereis o melhor desta terra. Mas, se recusardes e fordes rebeldes, sereis devorados à espada; porque a boca do Senhor o disse"; "Conheço as tuas obras, que nem és frio nem quente. Quem derás fosse frio ou quente! Assim, porque és morno e nem és quente nem frio, estou a ponto de vomitar-te da minha boca"* (Isaias 1.11-12, 19-20; Apocalipse 3.15-16).

A pós modernidade que experimentamos como momento de nossa passagem aqui na terra nos tem fornecido largamente essa tristonha verdade acerca de nossos relacionamentos com Deus. Presenciamos uma geração despreocupada com Ele e, por tal razão, não se alicerçam corretamente diante da verdade de Deus e, quando a mesma é confrontada e se faz necessário evidenciar sua fé, sua intimidade com Deus titubeia e morde a língua, por não saber o que dizer sobre quem é o seu Deus. Mas visivelmente essa geração sabe falar sobre o que seu Deus pode fazer para melhorar nossa vida aqui, e tão somente aqui.

Podemos encontrar os tantos outros que hão de discordar de nós, mas a esses cabe-nos uma indagação: onde estão os frutos dessa chamada intimidade com Deus, que ainda nos permite ser opróbrio da humanidade? Como podemos afirmar ter um correto relacionamento com Jesus Cristo, enquanto continuamos a ser mesquinhos em nossos anseios e alvos? Quando pensamos na adoração que prestamos a Deus, que continua acorrentada aos nossos templos, certamente não temos entendido o melhor de Deus para nossas vidas, que se resume em que O valorizemos e O priorizemos, para que tenhamos um íntimo relacionamento com Ele, de tal modo a ver cumprir em nós o que Ele mesmo afirmou ser inevitável: "Quem crer em mim, como diz a Escritura, do seu interior fluirão rios de água viva" (João 7.38).

Intimidade com Deus e vida eterna já

Na expectativa de que entendamos perfeita e ajustadamente o valor de uma vida íntima com Deus, pensemos no mais gracioso efeito desse relacionamento com Ele. Imediatamente somos tomados pela certeza de vida eterna com Deus, quando somos tomados pelo Seu Espírito, que nos leva à pessoa bendita do Salvador Jesus Cristo e nos faz compreender nossa desventurada e depravada realidade existencial, onde nos tornamos merecedores de habitar inferno para todo sempre. A convicção acerca de morada feliz com o Senhor norteia a vida dos íntimos de Deus. Todos quantos possuem um relacionamento próximo de Deus, e também um relacionamento progressivo e ininterrupto, são cheios da convicção de vida eternamente bem aventurada.

Não podemos permitir que tal certeza de vida com Deus seja adiada para o pós vida. A certeza de vida eterna com Deus se adquire somente nesta vida por meio das promessas que o Próprio Deus nos outorgou por meio de sua Palavra, e eficazmente na concretização da mesma na pessoa de Seu Filho, que cumpriu todo o sacrifício para nossa redenção. Adquirir tal certeza fará toda diferença na vida de qualquer ser humano, bem como não obtê-la proporcionará profunda distinção na vida dos homens, e especialmente quando se der a consumação da história.

Consideremos alguns exemplos bíblicos que nos fazem perceber a importância de alcançar intimidade com Deus, descobrindo, pela graça, os mistérios de Deus. Comecemos pelo primeiro mártir do cristianismo registrado no livro dos Atos dos Apóstolos nos capítulos 6 e 7. Nessa narrativa encontramos o diácono Estevão sendo perseguido, julgado injustamente por causa de sua fé em Jesus Cristo e, finalmente, sendo morto por meio de apedrejamento: *"Mas Estevão, cheio do Espirito Santo, fitou os olhos no céu e viu a glória de Deus e de Jesus, que estava à sua direita, e disse: Eis que vejo os céus abertos e o Filho do Homem, em pé à destra de Deus. Eles, porém, clamando em alta voz, taparam os ouvidos e unânimes arremeteram contra ele. E, lançando-o para fora da cidade, o apedrejaram"* (Atos 7.55-58ª).

Os detalhes da narrativa nos favorece a compreensão do quanto fora valoroso na vida de Estevão cultivar intimidade com Deus; perseverar num relacionamento próximo e o mais agradável a Jesus Cristo possível. Certamente que seu relacionamento com Deus se alicerçou na plena convicção de sua eternidade com o Senhor Jesus, a ponto de que ele teve o privilégio de ver o Próprio Cristo aguardando-o, enquanto dava sua vida por causa do Mestre. A convicção de Estevão sobre sua fé promovera enfurecimento de seus algozes opositores, e isso por ter o mesmo plena na eternidade com o Senhor. A morte não fora um problema para o primeiro mártir quando a viu cara a cara. Nada mudara a certeza de Estevão quanto ao seu destino eterno, enquanto perseverava no relacionar-se corretamente com Deus.

Podemos ainda citar um acontecimento na vida dos apóstolos quando foram proibidos de proclamar os ensinamentos de Jesus Cristo em Jerusalém e não se importaram com as consequências de desobedecer tal ordem, que partira dos judeus líderes do judaísmo. Por tal "rebeldia" foram os apóstolos colocados como prisioneiros diante do Sinédrio e confrontados por sua fé e muito mais por sua desobediência. Ao serem arguidos quanto à disposição por continuarem a pregar as verdades de Deus, foram taxativos em manter prontidão por obedecer a Cristo antes que aos homens: *"Então, Pedro e os demais apóstolos afirmaram: antes, importa obedecer a Deus do que aos homens"* (Atos 5.29). Diante de tal coragem, os apóstolos revelam sua prontidão em morrer pelo Senhor. Por qual razão, senão pela certeza da vida eterna com Deus, eles fariam isto? Os líderes que os indagavam podiam matá-los, porém não lhes poderiam tirar a eternidade ao lado do Santíssimo Deus.

É fácil entender tal convicção na vida os apóstolos e de Estevão. Eles entenderam a importância de se manter próximos a Deus. Os apóstolos tiveram o maior privilégio de então conviver com o Próprio Deus, quando este se fez homem e tabernaculou com os homens, e mais próximo ainda dos discípulos. Muitos tiveram o privilégio de visualizar a face do Mestre, mas poucos foram os que se tornaram tão íntimos d'Ele como foram os apóstolos. Estevão, embora não haja registro de que tenha convivido pessoalmente com o Mestre, certamente foi homem chegado do Senhor, haja vista a magnífica manifestação do Próprio em seu favor na hora de seu martírio.

O que encorajara tais homens a enfrentar a morte de tão perto sem titubear na fé, certamente fora a compreensão de que eles não eram homens desse mundo e para esse mundo, mas eram cidadãos do céu, herdeiros de Deus por meio de Cristo Jesus (herdeiros e co-herdeiros com Cristo): *"ora, se somos filhos, somos também herdeiros, herdeiros de Deus e co-herdeiros com Cristo; se com ele sofremos, também com ele seremos glorificados"* (Romanos 8.17). O céu, a morada de Deus também lhes pertencia unicamente por graça de Deus. Eles entenderam que sua pátria não é nesse mundo: "Pois a nossa pátria está nos céus, de onde aguardamos o Salvador, o Senhor Jesus Cristo"; "Se a nossa esperança em Cristo se limita a esta vida, somos os mais infelizes de todos os homens" (Filipenses 3.20, 1 Coríntios 15.19).

A valorização da vida eterna ocorre correta e agradável a Deus quando enfrentamos a morte sem nenhum medo por causa daquele que nos concede vida eterna. Esta valorização é aperfeiçoada à medida em que estreitamos nosso relacionamento com Deus e isto, não nos esqueçamos, é o maior anseio de Deus. O maior querer de Deus é que cresçamos na graça e no conhecimento de Seu Filho, o que nos outorga maior convicção do quanto Deus nos ama.

Ao nos reportarmos para os exemplos da própria narrativa Bíblica, nos depararemos com Estevão como o primeiro homem a revelar, diante de tão avessa circunstância de vida, que sua fé na vida eterna com o Senhor estava lhe proporcionando tudo quanto se fez necessário para que não titubeasse em sua profissão de fé. Estevão fora martirizado por sua plena convicção de que os céus estavam preparados para recebê-lo a uma eternidade feliz. Paulo, ao reconhecer a preciosidade da vida eterna com Deus, algo que ele não havia alcançado apesar de ser fariseu dos fariseus, justo perante a lei por sua observância e extremamente zeloso do judaísmo e seus preceitos,: *"Bem que eu poderia confiar também na carne. Se qualquer outro pensa que pode confiar na carne, eu ainda mais: circuncidado ao oitavo dia, da linhagem de Israel, da tribo de Benjamim, hebreu de hebreus; quanto à lei, fariseu, quanto ao zelo, perseguidor da igreja; quanto à justiça que há na lei, irrepreensível"* (Filipenses 3.4-6), expressou sua valorização da vida a partir do princípio da certeza de que o céu é sua eterna morada, a ponto de não medir esforços para propagar a Palavra de redenção em Jesus Cristo, e em Jesus Cristo somente. Paulo expressou sua convicção de várias maneiras, e até por meio do sofrimento não deixou de declarar sua fé n'Aquele que lhe proporcionara vida eternamente feliz, incomparavelmente melhor de tudo quanto ele mesmo tinha conhecido e alcançado em sua passagem aqui nessa terra: *"Logo, já não sou eu quem vive, mas Cristo vive em mim; e esse viver que, agora tenho na carne, vivo pela fé no Filho de Deus, que me amou e a si mesmo se entregou por mim"; "porém em nada considero a vida preciosa para mim mesmo, contanto que complete a carreira e o ministério quem recebi do Senhor Jesus para testemunhar o evangelho da graça"* (Gálatas 2.20, Atos 20.24)

Os apóstolos, como já vimos, ao serem colocados diante dos seus rígidos oponentes, e ainda que diante da possibilidade da morte, não desviaram da convicção de que a obediência ao Senhor lhes era mais interessante que a obediência aos homens. E isso se fez possível pela convivência que os mesmos tiveram com o Senhor Jesus, aprendendo sobre a vida eterna com Deus, que lhes estava assegurada na pessoa do Próprio Filho de Deus. Eles, os apóstolos, tiveram essa convicção firmada pela experiência de vida ao lado do Senhor, como seus primeiros e mais particulares seguidores. Jesus os convencera pelas palavras de vida eterna que Ele mesmo sempre teve: *"Respondeu Simão Pedro: Senhor, para quem iremos? Tu tensa as palavras da vida eterna"* (João 6. 68). Jesus os mostrou pelo exemplo de vida, de relacionamento e submissão ao Pai, que a vida eterna é uma realidade e que somente os que então lhe depositam indubitável fé, capaz de ir às últimas consequências por causa desse relacionamento estabelecido por meio da fé, são herdeiros da maravilhosa eternidade que Deus oferece a todos os homens. A ressurreição de Cristo e o privilégio de testemunhar essa ressurreição reforçaram a convicção adquirida na convivência com Jesus. O aprendizado, por sua vez, extravasou as paredes do conhecimento, do saber e do entendimento perfeito de que existe uma verdade absoluta sobre a eternidade de todos os homens. Os que aprenderam com Jesus foram capazes de declarar ao mundo a certeza que obtiveram de sua eternidade com Deus, não por causa de seus mártires, mas por única e exclusivamente ser a graça de Deus maior que nossas possibilidades de agradá-Lo. Os apóstolos se sujeitaram ao mártir na plena convicção de que não foram seus sacrifícios que lhes asseguraram eterna e plena vida com Deus, mas o privilégio de poder expressar, ainda que pela morte, a fé que lhes fora outorgada para salvação em total e alegre obediência ao Senhor.

Caminhar um pouco mais pela história nos leva a muitos outros, que à semelhança desses primeiros homens de Deus, marcaram nossa história em páginas que muitos de nós não nos consideramos dignos nem mesmo de ler. Homens e mulheres que, na concepção do Próprio Deus, foram nobres tais que o mundo não fora dignos de tê-los: *"Foram apedrejados, provados, serrados ao meio, mortos a fio de espada; andaram peregrinos, vestidos de peles de ovelhas e de cabras, necessitados, afligidos, maltratados (homens dos quais o mundo não era digno), errantes pelos desertos, pelos montes, pelas covas, pelosa natros da terra"* (Hebreus 11.37-38). Os chamados pais da igreja nos deixaram um impressionante legado, onde percebemos com infinita nitidez que a convicção de vida eterna com Jesus Cristo foi a bússola da magistral existência de tais homens e mulheres.

Nessa jornada, ao sairmos tão rapidamente dessas considerações, embora devêssemos demorar muito mais, para considerarmos tão grande nuvem de testemunhas, nos aproximamos de nós mesmos, o que inevitavelmente nos proporciona significativa oportunidade para reflexão acerca de fundamental tema, a vida eterna com Deus. O que também nos é permitido afirmar como nossos irmãos do passado, é a mais preciosa de todas as lições aprendidas nessa vida. Nada supera a certeza que temos de vida eternamente feliz com o Senhor, unicamente porque Ele nos Salvou na pessoa de Jesus Cristo. Nossa convicção se fundamenta na palavra que temos conhecido, e especialmente na que Deus usou seus servos (o apóstolo Paulo e outros) para nos revelar a graça suficiente para nossa salvação: *"Porque Deus amou ao mundo de tal maneira que deu seu Filho unigênito, para que todo que nele crê não pereça, mas tenha a vida eterna"; "Porque pela graça sois salvos, mediante a fé; e isto não vem de vós; é dom de Deus; não de obras para que ninguém se glorie"* (João 3.16 e Efésios 2.8-9). E não apenas pelo conhecimento dessa Palavra, mas pelo efeito da mesma em nossa vida, onde o Espírito de Deus nos testifica que somos filhos de Deus por meio de Jesus Cristo: *"Se habita em vós o Espírito daquele que ressuscitou a Jesus Cristo dentre os mortos, esse, mesmo que ressuscitou a Jesus Cristo dentre os mortos vivificará também o vosso corpo mortal, por meio do seu Espírito, que em vós habita"; "O próprio Espírito testifica com o nosso espírito de que somos filhos de Deus"; "Porque eu estou bem certo de que nem a morte, nem a vida, nem os anjos, nem os principados, nem as coisas do presente, nem do porvir, nem os poderes, nem a altura, nem profundidade, nem qualquer outra criatura poderá separar-nos do amor de Deus, que está em Jesus, nosso Senhor"* (Romanos 8.11,16 38-39). Por essa razão nos tornamos herdeiros e co-herdeiros de Deus. Certamente que nossas convicções surgem em decorrência da revelação que hoje obtivemos da Palavra. Tal conhecimento se aperfeiçoa no desenvolvimento de nosso relacionamento diário e devocional com Deus

Nossos dias evidenciam uma desventurada compreensão de quão valorosa é a certeza da vida eterna com Deus. Tornamo-nos alvo da mídia, que se deleita nas muitas aberrações que se realizam em nome de Deus, como reflexo da não compreensão do que significa vida eterna com Deus. O que temos visto hoje é uma igreja atormentada e enterrada pelos caprichos da vida presente, onde o poder, o possuir e o ser estão acima de toda e qualquer revelação que a Palavra possa nos trazer acerca de vida pós morte, revelando-nos que isso faz pouca ou nenhuma diferença para o povo que se chama nação de Deus. A história hoje nos mostra quantos norteiam suas convicções de vida eterna unicamente para os deleites dessa vida, onde fortunas e prazeres são perseguidos até em nome de Deus.

O cristianismo de nossos dias não mais nos permite entendimento da singular diferença entre o presente e o futuro que aguarda a todos os homens, até porque ninguém está com tempo "ocioso" para ponderar sobre eternidade em nossos dias imediatistas e consumistas. Encontramos muitos que afirmam ter segurança da eternidade com Deus, por causa da graça, mas que não expressam tal verdade quando confrontados às imediatas e inevitáveis implicações dessa salvação, que se resume na busca do Reino de Deus e sua justiça, por meio de uma entrega e disposição incondicional ao Rei Jesus; e muitos não se dão ao Rei, muito menos ao reino Deste.

A vida eterna com Deus se estabelece aqui e agora, enquanto temos oportunidade de buscar e encontrar a Deus, enquanto podemos achá-lo (Isaias 55.6). Assim, quando nos encontramos em Deus e com Deus, quando somos cheios da convicção de que fomos salvos pela chamada eficaz do Espírito Santo de Deus, temos incontido desejo de manifestar tal realidade como parte de nossa estrutura existencial. Vemo-nos movidos, impelidos a declarar por meio de nossa fala e nossos atos que algo novo ocorreu conosco, e esse acontecimento é a certeza de que vida eterna com Deus nos é promessa cumprida na pessoa de Seu Filho Jesus Cristo. Por essa razão, somos extraordinariamente gratos a Ele pela salvação, e essa gratidão se transforma em revelação progressiva de uma nova vida. Por tal convicção de vida eterna com Deus nos vemos assim completamente mudados em nossas direções, em nossos anseios e paixões: *"Portanto, se fostes ressuscitados juntamente com Cristo, buscai as coisas lá do alto, onde Cristo vive, assentado à direita de Deus. Pensai nas coisas lá do alto, não ns que são aqui da terra; porque morrestes e a vossa vida está oculta juntamente com Cristo, em Deus"* (Colossenses 3.1-3).

Essa transformação, de tão radical que é, não pode ser ofuscada; e exatamente esse tem sido o nosso enigma, já que a certeza de vida eterna com Deus nos promove desapego às paixões que nos prendiam à miserável e transitória passagem nesse planeta que denominamos Terra. Somos avisados e conscientemente percebemos o quanto estávamos distantes e completamente impossibilitados de herdar a vida eterna com Deus. O Espírito de Deus está nos convencendo dessa verdade e, por essa razão, somos motivados à experiência de encontrar a paz que excede todo entendimento que, no entanto é explicável pelo fato de sabermos que é Deus trabalhando misericordiosamente em nosso favor nos concedendo compreensão da preciosidade de nos relacionarmos com Ele: "Deixo-vos a paz, a minha paz vos dou; não vo-la dou como a dá o mundo. Não se turbe o vosso coração, nem se atemorize"; "E a paz de Deus, que excede todo entendimento, guardará o vosso coração e a vossa mente em Cristo Jesus" (João 14.27; Filipenses 4.7).

Deus está, por meio dessa convivência, moldando-nos para a eternidade com Ele. Toda essa transformação nos possibilita e inequivocamente nos responsabiliza a uma nova vida que tende a ser revelada aos que então conosco convivem. Ao nos aproximarmos de Deus, com a plena convicção de que fomos privilegiados a esse querer de Deus, daremos início à nova vida que se fundamenta na plena certeza de que somos eternos para o Senhor, e por isto somos eternos cidadãos do céu, alcançados pela fé salvadora que o Senhor imputou em nossa mente para que viéssemos crer no caminho que Ele mesmo elaborou para alcançarmos na eternidade um lugar junto a Ele. Esse caminho sabemos perfeitamente ser o sacrifício de Seu Filho realizado segundo o beneplácito da vontade do Deus Trino, elaborado antes da fundação do mundo na cruz do Calvário. Mas não somente a crucificação, e sim toda história do nascimento, vida, morte e ressurreição do Próprio Deus encarnado na pessoa do Filho: *"Respondeu-lhes Jesus: Eu sou o caminho, e a verdade, e a vida; ninguém vem ao Pai senão por mim"; "Vindo, porém, a plenitude do tempo, Deus enviou seu Filho, nascido de mulher, nascido sob a lei, para resgatar os que estavam sob a lei, a fim de que recebêssemos a adoção de filhos"; "Assim como nos escolheu, nele, antes da fundação do mundo, para sermos santos e irrepreensíveis perante ele; e em amor"* (João 14.6; Gálatas 4.4-5; Efésios 1.4).

Agora que então fomos transformados, nossa bússola não é mais aquilo que sentimos ou desejamos, nem mesmo o que entendemos ou defendemos como verdade, e jamais será aquilo que temos como concepção acerca de vida e morte. Enfim, encontramos resposta para todas as indagações de nossa alma. Todas as incertezas que afligiam diurnamente nossa existência (e em muitos casos tem provocado a aparição de tumores e chagas físicas aos homens), levando-nos à morte; e todas as aflições que tais questionamentos produziam trazendo terríveis males à humanidade são dissipadas na rica e privilegiadas oportunidade de nos relacionarmos com Deus.

Sabemos sobre a razão de nossa existência, sabemos por que estamos vivos e caminhando para a morte todos os dias. Tudo agora faz sentido quando aprendemos sobre a vida eterna com Deus, como propósito da revelação de sua grande salvação a nós, pecadores. Descobrimos por meio desse relacionamento que somos alvo de seu incomparável amor. E tudo isso nos facilita viver em perfeita prontidão a servir ao Senhor de forma intensa e profunda que nada, nada mesmo nesse mundo pode ser mais valioso para nós do que o estreitamento de nossas relações com Jesus Cristo. A certeza de vida eterna com Deus nos proporciona essa nova existência, em que evidenciamos nossa absoluta convicção de que estamos prontos a morrer por Ele, pois nossa eternidade ao Seu lado está assegurada. Eis a razão porque não devemos negá-lo em hipótese alguma. Somente os cidadãos do céu são capazes de viver tal realidade, e isso se faz notório quando existe compreensão acerca do maior "anseio do coração de Deus".

Podemos assegurar que temos errado muito em nosso relacionamento com Deus na forma como praticamos a nossa convicção de que somos cidadãos dos céus nesse mundo. Podemos detectar o distanciamento e considerável abismo entre a verdade da vida eterna com Deus e o aprisionamento a essa curta e miserável existência na terra dos mortos quando avaliamos nosso relacionamento com Deus e seus efeitos imediatos e insubstituíveis.

Nossas reais motivações a que busquemos Deus e seu reino estão sendo transformadas pela necessidade de obter vantagens em todas as coisas, na famosa e antiga intitulada "lei de Gérson", onde o importante é qual vantagem obterei. Com isto temos pecado contra Deus e contra os homens, já que não lhes oferecemos clareza quanto às nossas certezas e distinções dos valores celestiais que iremos receber. Nossos tesouros e esperança nos tem provocado um contato raso com Deus, mas arraigado nas coisas do mundo, revelando aos homens a mentira de que não precisamos de Deus. Ao analisar nossos relacionamentos com Deus concluiremos que adulteramos o significado das verdades de Deus acerca de nosso eterno lar com Ele.

Novamente afirmamos a necessidade de nos questionar a razão da existência de grandioso espaço para um evangelho enganador, que arrasta multidões em nossos dias. Seria porventura a nossa negligência por um relacionamento mais próximo e dependente de Deus, a fim de descobrirmos e vivermos suas verdades, a causa de tamanho problema no mundo evangélico de nosso século? A necessidade de sobrevivência é igual para todos nesses dias pós-modernos e igualmente desleal é a corrida pela sobrevivência. Aqui só os fortes sobrevivem! Nenhum de nós quer ser fraco. Nenhum de nós quer se encaixar no perfil do "sou menor". Todos desejamos e nos revelamos ser fortes, por essa razão não temos tempo a perder com tais coisas sobre meditar e viver a eternidade com Deus. Esperamos aguardar que ela aconteça. E não nos importa mais saber que, ao vir o tempo da eternidade com Deus, podemos ser surpreendidos com a verdade de que não nos inscrevemos corretamente na fila dos salvos. O próprio Autor da eternidade foi quem também nos assegurou desse iminente perigo: "E todo aquele que ouve as minhas palavras e não as pratica será comparado a um homem insensato que edificou a sua casa sobre a areia; e caiu a chuva, transbordaram os rios, sopraram os ventos e deram com ímpeto contra aquela casa, e ela desabou, sendo grande a sua ruína" (Mateus 7.27). Daí a necessidade de reflexão pessoal sobre a verdade de que o céu será nossa eterna morada.

Sabemos que nossa sobrevivência está cada dia mais apertada, complicada, disputada e dificultada. Temos mais necessidades do que tínhamos ontem. Somos mais pressionados do que já fomos; somos perseguidos pelo consumismo como nunca fomos antes. Somos forçados a acreditar que temos mais necessidades tecnológicas hoje do que jamais tivemos. Estamos dependentes da perfeição intelectual como nunca pensávamos ser necessário. Tornamo-nos descartáveis como quase todos os nossos inventos. Tornamo-nos supérfluos como aquilo que consumimos, sem importar se nosso habitat suporta ou não nossa correria. Estamos desenfreadamente lutando pela sobrevivência nesta vida. Assim vive o homem globalizado, assim também vive a imensa maioria dos chamados cidadãos do céu. Assim, a igreja de Deus, o povo de Deus, vai se enrolando, dia após dia menos preocupado com a verdade da vida eterna com Deus. Menos operosidade da fé se revela, a não ser a fé que as multidões apresentam em líderes fraudulentos e charlatões em nome de Cristo, que se apoderam da ineficácia dos cidadãos do céu. Nenhuma mudança como efeito de uma real visitação do Espírito Santo ocorre no meio dos cidadãos do céu, enquanto as multidões se aglomeram para testificar à sociedade pós-moderna o estereótipo de um novo evangelho, que embora apresente a Bíblia como argumento, não pode apresentá-la como regra de fé e prática por sua inerrância. Mas quem se importa? Os cidadãos do céu?...

Não, os hoje convictos de sua vida eterna com Deus estão tão melhorados em relação aos mártires da história, (essa convicção é tão profunda), que não há mais com o que se preocupar, e sem preocupações tão importantes, chegam a investir em como somente viver a vida. Assim estamos nos adequando às vãs filosofias tais como a que predomina em nossos tempos: "deixa a vida me levar". Por essas razões nos calamos, embora saibamos ser necessários que os outros ouçam do evangelho que defendemos e cremos ser o evangelho de Jesus Cristo. O evangelho da renúncia. O evangelho das provas e lutas. O evangelho da necessidade de uma existência reta e justa. O evangelho da não concessão aos prazeres momentâneos da carne e do mundo. O evangelho da vida eterna não meritória, mas graciosa.

Entendemos que estamos carentes desse evangelho, que nos leva ao caminho da convivência com Cristo, que precisa ser cultivada dia a dia, ininterruptamente. Também por nossa causa os homens buscam um evangelho diferente, mais aprazível aos instantâneos rompantes espirituais que todo homem tem. Deixamos de viver como cidadãos convictos de que o céu é seguramente nossa habitação eterna e é incomparavelmente melhor: "Ora, de um e outro lado, estou constrangido, tendo o desejo de partir e estar com Cristo, o que é incomparavelmente melhor" (Filipenses

1.23). Envolvemo-nos tanto com esse mundo que nos esquecemos que a vida eterna com Deus é o bem mais precioso que um homem pode e deve alcançar nessa vida. Transmitimos uma mensagem muito bela acerca do paraíso eterno, mas nossas ações voltadas para a sobrevivência nos fazem ser mentirosos diante dos muitos eleitos de Deus ainda perdidos. Passamos-lhes a impressão de que nem mesmo nós cremos nesta gloriosa verdade, pois se cremos não expressamos com atos dignos de ser conhecidos como herdeiros de Deus.

Sim, somos cidadãos do céu! Mas que céu é esse que esperamos habitar por toda a eternidade? Parece-nos um céu desprovido de grande valor, já que o mundo se nos tornou mais precioso e por isso nos envolve muito mais nesses dias pós-modernos: "Não ameis o mundo nem as coisas que há no mundo. Se alguém amar o mundo, o amor do Pai não está nele; porque tudo o que há no mundo, a concupiscência da carne, a concupiscência dos olhos e a soberba da vida, não procede do Pai, mas procede do mundo. Ora, o mundo passa, bem como a sua concupiscência; aquele porém, que faz a vontade de Deus permanece eternamente" (1 João 2.15-17).

Via progressiva da intimidade com Deus

A intimidade com Deus é que nos permite ser um pequeno, médio, grande ou "exponencial" edifício. A intimidade é a base de tudo. Não nos esqueçamos da verdade sobre o maior anseio do coração de Deus, que se aplica em nos proporcionar aprimoramento de nosso relacionamento com Ele, a partir do momento em que Ele nos salvou.

Diante do exposto fica perceptível esta verdade. Não há como nos redescobrir e nem mesmo nos redirecionar, se não houver aproximação verdadeira com o Senhor. Se não o conhecermos profunda e intimamente não experimentaremos de seus poderosos e extraordinários feitos. Somente aos seus chegados está reservada a revelação de Sua Glória. Um exemplo do que significa isso se dá no monte da transfiguração, onde nem todos os apóstolos se fizeram presentes, mas somente Pedro, Tiago e João. Certamente esses não foram melhores que os outros, lembrem-se: Deus não tem filhos melhores. Mas, com certeza, eles mais se aproximaram de Jesus. Deus não tem filhos melhores, mas alguns de seus filhos, O tem como o melhor de sua existência. Esses descobriram com maior facilidade que outros a importância de ser íntimo de Deus e como isso é proveitoso a todo homem.

Não há como entender nossa caminhada neste mundo se não houver intimidade com Deus. Não há como superar nossas quedas se não há intimidade com o Senhor. Não há como viver santidade e retidão se não há intimidade com o Eterno. Não há como amar o próximo como a si mesmo se não houver intimidade com Ele. Não há como experimentar o alívio do perdão se não existir aproximação de Deus. Não há como perdoar o ofensor se não somos íntimos do Senhor. Não há como sustentar a esperança da vida eterna se não há proximidade com Deus. Não há como acreditar no milagre de Deus em nos preservar junto a Ele se não houver intimidade mútua. Tudo está ligado a quanto somos ou não íntimos do Senhor Jesus: *"Sem mim nada podeis fazer"; "De fato, sem fé é impossível agradar a Deus, porquanto é necessário que aquele que se aproxima de Deus creia que Ele existe e que se torna galardoador dos que o buscam"* (João 15.5; Hebreus 11.6).

O que podemos então apreciar em toda vida que estabelece intimidade com o Criador está amplamente citado em nossos escritos, pois percebemos que a intimidade com Deus inevitavelmente leva o homem ao caminho da santificação ao Senhor.

A adoração que temos o privilégio de prestar a Deus nos faz perceber que por meio do ser íntimo com Ele é que descobrimos que fomos separados a uma vida de santidade, que nos torna distintos de todos os demais que não cultivam, não valorizam a intimidade com Deus. Nesse mundo, nosso reflexo de quem somos revela o quanto somos íntimos de Deus, quando nos vemos inteiramente envolvidos com o reino de Deus que está por vir.

Diante da possibilidade da intimidade com Deus, percebemos ainda que o homem alcança autoridade para viver a vida santa que Deus requer que seus íntimos evidenciem. Não existe recurso pessoal em nenhum homem, por causa do pecado para alcançar autoridade sobre o inferno e sobre o próprio pecado que nos escraviza, nos remete sem esquivo à morte, ao eterno inferno. Somente quando estamos em comunhão com o Senhor é que nos tornamos capacitados ao exercício de toda autoridade dos céus contra o inferno, contra o mundo e suas paixões e contra todo pecado que tenazmente nos assedia.

A autoridade que carecemos para viver o evangelho de Jesus sem ter do que nos envergonhar: "Procura apresentar-te a Deus aprovado, como obreiro que não tem de que se envergonhar, que maneja bem a apalavra da verdade" (2 Timóteo 2.15), está ao nosso alcance pelo caminho da intimidade com Deus. Não há outro meio pelo qual possamos ser revestidos do poder de Deus se não nos tornarmos próximos d'Ele. Se não o buscarmos de todo nosso entendimento, alma e coração, jamais veremos Sua força e Sua graça em nossas vidas. Daí a razão porque muitos crentes se veem em plena derrocada espiritual. São crentes, mas não tem intimidade com o Senhor. São perigosamente quase salvos, mas totalmente perdidos. São capazes de professar uma fé que na intimidade não os aproxima do Senhor Jesus.

Nossos dias revelam a necessidade de que nos arrependamos desse falso cristianismo que estamos nos acostumando pregar e viver. Um cristianismo sem autoridade para calar a voz do inferno, sem qualquer manifestação do poder de Deus para provocar náuseas aos impenitentes pecadores, levando-os ao arrependimento ou até mesmo à blasfêmia, à rejeição pública e consciente da verdade de Deus acerca da única possibilidade de salvação. É horripilante conhecer esta verdade, pois nossa autoridade não provém de nós mesmos, provém de Deus e o único caminho para que a obtenhamos é o da proximidade de Deus, é o caminho da responsável e prazerosa busca por sua face. E, enquanto não nos posicionarmos melhor diante da proposta de Deus em nos tornar seus íntimos, não haveremos de exercer autoridade sobre nossas próprias paixões pecaminosas.

O mundo está carente de que a autoridade dos céus se manifeste para que haja transformação na humanidade. Ainda que o mundo não se aperceba desta verdade, bem sabemos que ele é completamente necessitado deste poder de Deus. Deus espera que nós creiamos nisto. Por esta razão Jesus nos outorgou autoridade, como Ele foi revestido de toda autoridade do Pai enquanto homem aqui se fez: *"E, quando vos entregarem, não cuideis em como ou que haveis de falar, porque, naquela hora, vos será concedido o que haveis de dizer, visto que não sois vós que falais, mas o Espirito de vosso Pai é quem fala em vós"; "Jesus, aproximando-se, falou-lhes, dizendo: Toda autoridade me foi dada no céu e na terra"; "mas recebereis poder, ao descer sobre vós o Espírito Santo, e sereis minhas testemunhas tanto em Jerusalém como em toda a Judeia e Samaria e até aos confins da terra"* (Mateus 10.19-20; 28.18; Atos 1.8).

Um último princípio aprendido em ocasião de um congresso, me fez entender o efeito da intimidade com Deus como o ato galardoador de Deus em permitir que eu realize conquistas, todas as que o próprio Deus estabeleceu para minha vida. Isso me faz lembrar meu pastor, Reverendo Adão Carlos Ferreira do Nascimento, que em um de seus estudos em meus "tempos idos" dos primeiros passos da conversão, citou algo assim: *"Se Deus tem 1001 bênçãos para mim, não devo perseguir apenas 999, devo buscar as 1001"*. Esta é uma verdade diferenciada da ideia distorcida da teologia da prosperidade dos nossos dias, pois nos faz compreender que podemos realizar muitas conquistas mediante nossa aproximação e dependência de Deus. Isso nos faz compreender o que Deus mais quer que assimilemos como Sua verdade. Esclarece-nos a afirmação de que existe um relacionamento entre nós e Deus e, à medida que aprimoramos esse relacionamento, buscando ao Senhor como Deus que realmente Ele é, e cumprimos responsável e alegremente nossas responsabilidades nesse relacionamento que se dá em toda extensão de nossas vias somos abençoados por Deus. E toda bênção que Deus realiza em nossas vidas, visa também fazer notória sua Glória aos homens: *"Seja Deus gracioso para conosco, e nos abençoe, e faça resplandecer sobre nós o rosto; para que se conheça na terra o teu caminho e, em todas nações, a tua salvação" ; "Abençoe-nos Deus, e todos os confins da terra o temerão"; "Então, a nossa boca se encheu de riso, e a nossa língua, de júbilo; então, entre as nações se dizia: Grandes coisas tem feito o Senhor por eles"* (Salmo 67.1-2, 7; 126.2).

Não nos tornamos íntimos de Deus para que sejamos abençoados. Tornamo-nos verdadeiramente íntimos e agradáveis a Deus quando percebemos que somos salvos para Ele e por meio d'Ele somente. Essa percepção me promove um coração cheio de gratidão. E ser íntimo de Deus revela o quanto sou grato a Ele por tão grande Salvação, uma vez que a intimidade me proporciona oportunidade de falar-lhe em adoração contínua.

A oportunidade de conquista nada mais é que o resultado da graça especial de Deus sobre minha vida. Sob a graça de Deus aprendo a conquistar o caminho do vale da sombra da morte, pois ao enfrentá-lo saberei como decifrá-lo e jamais o enfrentarei sozinho: "Ainda que eu ande pelo vale da sombra da morte, não temerei aml algum, porque tu estás comigo; o teu bordão e o teu cajado me consolam" (Salmo 23.4). Na intimidade com Deus é que vou adquirindo maturidade cristã a fim de evitar os tropeços da infantilidade espiritual. Na maturidade cristã por meio de uma vida íntima enraizada na revelação de Deus, é que vou me desviando do mal, fugindo correta e apropriadamente de toda aparência enganadora.

A conquista gradativa e ininterruptamente de toda boa dádiva que Deus tem para mim, somente me é possível no caminho da intimidade com Deus. E não são poucas as conquistas que Deus prometeu aos seus servos, àqueles que se esmeram por se tornarem cada dia mais íntimos de Jesus.

"Quanto mais amamos a Cristo, mais temos prazer em estar a sós com ele. Os que se amam gostam de estar a sós um com outro". (Thomas Brooks)

"Uma masmorra com Cristo é um trono, e um trono sem Cristo é um inferno". (Martinho Lutero)

"Se você é um fracasso em sua vida de devoção, é um impostor em todas as outras coisas". (Agostinho)

"Deus sente prazer em nós quando sentimos prazer nEle". (Idem)

Printed by Books on Demand GmbH, Norderstedt / Germany